CLV

Georg Müller

Heilkraft durch Verdünnen

Homöopathie – was steckt dahinter?

clv

Christliche
Literatur-Verbreitung e. V.
Postfach 11 01 35 · 33661 Bielefeld

Alle angeführten Bibelstellen sind der Elberfelder Übersetzung in der revidierten Fassung (1985) entnommen.

1. Auflage 1992
2. Auflage 1993
3. Auflage 1995
4. Auflage 1999
5. Auflage 2010

CLV · Christliche Literatur-Verbreitung
Postfach 11 01 35 · 33661 Bielefeld
CLV im Internet: www.clv.de

Umschlag und Satz: CLV
Druck und Bindung: AALEXX Buchproduktion GmbH, Großburgwedel

ISBN 978-3-89397-222-7

Inhalt

1. Einleitung

»Geliebte, glaubt nicht jedem Geist, sondern prüft die Geister, ob sie aus Gott sind, denn viele falsche Propheten sind in die Welt ausgegangen« (1. Johannes 4,1).

»Wir aber haben nicht den Geist der Welt empfangen, sondern den Geist, der aus Gott ist, damit wir die Dinge kennen, die uns von Gott geschenkt sind. Davon reden wir auch, nicht in Worten, gelehrt durch menschliche Weisheit, sondern in Worten, gelehrt durch den Geist, indem wir Geistliches durch Geistliches deuten. Ein natürlicher Mensch aber nimmt nicht an, was des Geistes Gottes ist, denn es ist ihm eine Torheit, und er kann es nicht erkennen, weil es geistlich beurteilt wird« (1. Korinther 2,12-14).

»Jeder, der weitergeht und nicht in der Lehre des Christus bleibt, hat Gott nicht; wer in der Lehre bleibt, der hat sowohl den Vater als auch den Sohn« (2. Johannes 9).

Die Auseinandersetzung mit den sogenannten Naturheilverfahren wurde bei mir durch die ethische Fragestellung als Arzt, durch die Verantwortung als Seelsorger und vor allem aufgrund der geistlichen Position als Christ ausgelöst, weil unser Handeln immer eine klare geistliche Haltung verlangt, die dann ihre Auswirkung auf alle unsere Tätigkeiten haben wird.

In der ärztlichen Praxis und auch in der Seelsorge können wir nur dann mit dauerhaften Erfolgen rechnen, wenn unsere geistliche Einstellung den Erwartungen Gottes entspricht. Dieser hohe Anspruch darf nicht infrage gestellt werden, auch dann nicht, wenn man ihm in den Wirrnissen des Alltags nicht immer nachkommt. Ich komme nun täglich mit vielen kranken Mitmenschen zusammen, die von mir eine sichere und hilfreiche Behandlung erwarten. Dabei wird gerade heute eine Therapie verlangt, welche möglichst wenig Folgeschäden für den Betroffenen nach sich zieht.

Schon in der Vorbereitungszeit für die verantwortungsvolle Tätigkeit als Arzt stellte sich mir im Studium die Frage, welchen Wert die von der Schulmedizin so vernachlässigten, jahrhundertealten Alternativverfahren wohl hätten. Wurde den Kranken nicht etwas vorenthalten, wenn bei der Behandlung nur die Erkenntnisse der modernen naturwissenschaftlichen Medizin berücksichtigt wurden? Hatte nicht Gott in Seiner Schöpfung noch andere Gaben zur Verfügung gestellt, die man nicht beachtete?

Dies bewegte mich sehr, zumal ich als gläubiger Christ bestrebt sein wollte, alle von Gott gesegneten Gaben zu nutzen, um kranke Menschen erfolgreich behandeln und betreuen zu können. Ich hörte von den Erfolgen der sogenannten Naturheilverfahren, nahm aber ebenso die Kritik zur Kenntnis.

Stutzig wurde ich, als diese Kritik nicht nur von Ärzten der Schulmedizin geäußert wurde, sondern auch von bibeltreuen Theologen, Seelsorgern und Evangelisten Bedenken gegen die alternativen Heilmethoden vorgetragen wurden. Besonders die Skepsis der »an der Front« stehenden Christen, die sich bei ihrer Tätigkeit mit den Ursprüngen und Folgen der Alternativmedizin befasst hatten, machte mich nachdenklich.

Mit besonderem Interesse begann ich nun zu überprüfen, warum bei dieser »anderen« Medizin nicht nur vernunftmäßige Argumente Erwähnung fanden. Vor allem auch die geistliche Bewertung dieser Medizin forderte mich heraus. Hier suchte ich nach einer objektiven Antwort, zumal ich bald erkannte, dass dieses Thema sehr emotional behandelt wurde. Schnelle Schlussfolgerungen und oberflächliche Erkenntnisse konnten keine befriedigende Klarheit verschaffen. Wenn die Kritik berechtigt war, dass nämlich die Homöopathie und andere Verfahren einen möglicherweise okkulten Hintergrund haben sollten, konnte ich wegen der damit verbundenen geistlichen Dimension dieses Thema nicht nur beiläufig abhandeln.

Vor allem die Befürchtung, kranke und Hilfe suchende Menschen würden in ihrer Not mit okkulten Mächten konfrontiert, war der eigentliche Anstoß, diese Verfahren gründlich unter die Lupe zu nehmen. Anfangs untersuchte ich beinahe alle Alternativverfahren, stellte jedoch bald fest, dass eine gründliche Stellungnahme zu den verschiedenen Heilpraktiken wie Akupunktur, Fußreflexzonenmassage, Homöopathie und andere zu umfangreich ausfallen würde, da man in Anbetracht dieses heiklen Themas auf eine äußerst genaue und spezifische Untersuchung aus Gründen der Redlichkeit nicht verzichten konnte. So entschied ich mich für die Erforschung der Homöopathie, zumal dieses Verfahren sicherlich in Deutschland die meiste Anerkennung genießt. Selbst die Untersuchung dieses überschaubaren Gebietes grenzte ich noch ein, indem ich mich ausschließlich den geistigen Hintergründen der Homöopathie widmete. Zum einen wird dadurch eine unnötige Debatte über die Heilerfolge vermieden (»mir hat die Homöopathie aber geholfen«), zum anderen reicht die Auseinandersetzung mit den geistigen Quellen aus, um dieses Verfahren vom christlichen Standpunkt richtig einordnen zu können. Hierbei habe ich mich strikt an den biblischen Grundsatz gehalten: »Prüft die Geister, ob sie aus Gott sind!« (1. Johannesbrief 4,1).

Um dieser Aufforderung gerecht zu werden, musste der »Geist«, der hinter dem geistigen Werk des Begründers der Homöopathie, Samuel Hahnemann, steht, verstanden und erklärt werden. Eine genaue Analyse seines schriftlichen Nachlasses, d. h. seiner mannigfachen Veröffentlichungen und Briefe, musste erarbeitet werden. Glücklicherweise wurden diese von Hahnemann-Verehrern im Verlauf des letzten Jahrhunderts gesammelt und fast vollständig im homöopathiegeschichtlichen Institut der Robert-Bosch-Stiftung in Stuttgart archiviert. Diesem Institut verdanke ich meine Kenntnis. Aufgrund der Mitgliedschaft im homöopathiegeschichtlichen Arbeitskreis, dem ich von Beginn an seit 1986 angehöre, ergab sich der Zugang zu den geschichtlichen und philosophischen Daten aus Hahnemanns Leben.

An dieser Stelle danke ich den Leitern des Instituts, Herrn Professor Kimmel und Herrn Professor Jütte, sowie ihren Mitarbeitern. Die Mitglieder des Arbeitskreises haben durch ihr profundes Wissen mit zum Entstehen dieses Buches beigetragen. Zweifellos stimmen jene, denen ich Dank schulde, nicht ohne Weiteres mit meiner Einschätzung der Homöopathie überein, da sie einen anderen Ausgangspunkt gewählt haben. Ich bitte sie um Verständnis, dass ich mich nicht nur mit der Prüfung des Hahnemannschen Denkens zufriedengegeben habe, sondern auch noch die biblische Bewertung berücksichtigt habe. Meine, auf die Aussagen der Bibel begründete Position, wird möglicherweise ihre Kritik herausfordern. Dazu möchte ich mit Luther sagen: »sola scriptura« oder: »Hier stehe ich, ich kann nicht anders!«

2. Das Leben des Begründers der Homöopathie

Um die Lehre der Homöopathie zu verstehen und richtig beurteilen zu können, ist es besonders wichtig, die Person des Arztes Samuel Hahnemann kennenzulernen, da vor und nach diesem umstrittenen Arzt niemand dieses Heilverfahren entdeckt bzw. grundsätzlich verändert hat.[1]

Zur Erkenntnis der Wirkungsweise dieses unkonventionellen Behandlungsverfahrens muss ebenso Hahnemanns Umfeld Beachtung finden. Denn auch die Zeit, in der er lebte, dachte und forschte, hat einen nicht zu übersehenden Einfluss auf ihn und sein Werk ausgeübt.

2.1 Die Aufklärung

Das Zeitalter der Aufklärung hatte das Weltbild der Gelehrten grundlegend verändert. Man wandte sich sowohl von den überlieferten Traditionen der Kirchen ab als auch vom Glauben an die Offenbarungen des Evangeliums. Philosophen wie Professor Ch. Wolff[2] und andere verkündeten eine neue Religion im deutschsprachigen Raum, die, nachdem man die Fesseln der Kirchen abgeworfen hatte, willig aufgenommen wurde. Vom englischen Deismus geprägt, nahmen die Anhänger der Aufklärung an, dass Gott jemand sei, dem man in Kenntnis der Schöpfung und der Natur zu dienen und Ehre zu bringen hatte. Unterwarf sich der Mensch den hohen Regeln der Natur, so meinte er annehmen zu

---

1 Aktuelle Anwendungsmöglichkeiten der Homöopathie in der ärztlichen Praxis (Gabany, Stand Februar 1989); Teil 3, Kap. 2, S. 1.

2 RGG (Religion in Geschichte und Gegenwart), Band 2, S. 58, 3. Auflage, Paul Sibeck Verlag, Tübingen.

können, dass er nun dem Willen des Schöpfers entsprach und Ihm somit gehorsam war.

Der Lenker und Beherrscher des Universums offenbarte nach diesen Vorstellungen Seine unumstößlichen Gesetze einzig und allein durch die Vorgänge in der Natur, und die transzendente Welt wurde als vereinigt mit der sichtbaren Schöpfung angesehen. Aus den Kenntnissen über die Natur glaubte man Rückschlüsse auf Gott und Sein Werk ziehen zu können. Diese natürliche Religion war nicht mehr auf die Lehren der Kirchenväter und der Bibel angewiesen. Die Heilige Schrift wurde umgedeutet. Nur jene Aussagen erfuhren Beachtung, die mit dem Weltbild und der Ethik der natürlichen Religion zu vereinbaren waren. Somit war eigentlich die Kirche und ihre bis dahin gültige Theologie überflüssig geworden. Innerhalb und außerhalb der Institution Kirche konnte dieser neuen Religion gehuldigt werden. Durch das umfangreiche Schrifttum der Philosophen und der gleichermaßen überzeugten Theologen wurde das zweifelhafte Wissen der Aufklärung weit verbreitet und veränderte so das Denken vieler Menschen. Ein neues Zeitalter war angebrochen.

2.2 Kurzbiografie Hahnemanns

2.2.1 Ausbildung und Studienzeit

In dieser Zeitenwende erblickte Samuel Hahnemann das Licht der Welt. Er wurde am 10. April 1755 in Meißen als Sohn eines Porzellanmalers geboren.[3] Als ein sehr begabter Schüler der Landschule zu Meißen unternahm er es nach der besonderen Empfehlung seines Lehrers und Förderers M. Müller, die weiterbildende Fürstenschule Sankt Afra zu besuchen. Dort lernte er neben der französischen Sprache auch die englische, griechische und latei-

3 R. Haehl, Samuel Hahnemann – Sein Leben und Schaffen, Band 1, S. 12, Schwabe Verlag, Leipzig, 1922.

nische Sprache so gut zu beherrschen, dass er später in der Lage war, eine Menge bedeutender Übersetzungstätigkeit zu leisten, um sich als armer Student seinen Unterhalt zu sichern.[4] Daneben befasste er sich mit Mathematik, Geometrie und Botanik.

Im Jahre 1775, mit 20 Jahren, begann er ein Medizinstudium an der Universität Leipzig, welches er 2 Jahre darauf in Wien bei dem berühmten Arzt von Quarin fortsetzte. Von Quarin war am Hof der Kaiserin Maria Theresia tätig. Durch die besondere Förderung dieses Lehrers, den Hahnemann sehr verehrte, gewann er nicht nur die Liebe zur Medizin, sondern wurde auch mit führenden Persönlichkeiten der damaligen Zeit bekannt gemacht.

So zog er das Interesse des Statthalters von Siebenbürgen, Baron Samuel von Brukenthal, auf sich, der ihn mit nach Hermannstadt nahm, wo er dem Baron als Hausarzt und Bibliothekar diente. Der Freimaurer von Brukenthal[5] führte ihn in die Freimaurerloge zu Hermannstadt ein. Mit nur 22 Jahren wurde er als Mitglied in der Loge »St. Andreas zu den drei Seeblättern« aufgenommen.[6] In dieser Zeit, als er sich in dem Kreis um von Brukenthal befand, erfuhr er sicher neben dem Freimaurertum auch einiges über den Deismus, dem sein Förderer ebenfalls anhing.[7]

Man kann sagen, dass Samuel von Brukenthal und Samuel Hahnemann einiges verband. Sie waren Protestanten in einem katholischen Land, hatten jedoch beide die Tradition der protestan-

---

4 Ebd., S. 18.

5 Karl Hoede, Samuel Hahnemann, S. 6, aus Quatuor-Coranti-Hefte, Nr. 5, Gemeinsame Veröffentlichung der Freimaurerischen Forschungsgesellschaft e.V.

6 R. Haehl, Samuel Hahnemann – Sein Leben und Schaffen, Band 1, S. 12, Schwabe Verlag, Leipzig, 1922. Dort findet sich als Anmerkung:
Das Bruderverzeichnis der Hermannstädter Freimaurerloge »St. Andreas zu den drei Seeblättern« enthält folgende Bemerkung: Christian Friedrich Samuel Hahnemann, Geburt: Meißen, Sachsen, 1755. Charakter: Candidatus med. u. Bibliothekarius bei seiner S. E., dem Gouverneur. Religion: evangelisch; aufgenommen im 1. Grad am 16. Oktober 1777.

7 Ebd., S. 6.

tischen Kirche hinter sich gelassen und verehrten die natürliche Religion sowie die Freimaurerei. Hahnemann, so darf man annehmen, ist während seiner Lern- und Studienzeit von der herausragenden Persönlichkeit des Baron von Brukenthal grundlegend geprägt worden. Den Keim für seine religiösen Vorstellungen jedoch hatte sein Vater gelegt, dem Hahnemann in seiner Selbstbiografie eine aufklärerische Denk- und Lebensweise zuschrieb.[8]

1779 verließ Hahnemann seinen väterlichen Freund, um in Erlangen sein Studium zu beenden. Bei dem Hofrat Professor Schreber, der ebenfalls ein Freimaurer war und ihm sehr zugetan gewesen sein soll, reichte er seine Dissertationsschrift mit dem Thema »Conspectus adfectuum spasmodicorumaetiologicus et therapeuticus« ein. In dieser Doktorarbeit erwähnte Hahnemann erstmalig den damals berühmten Anton Mesmer, den Erfinder des sogenannten tierischen oder animalischen Magnetismus.

2.2.2 Hahnemann als Übersetzer und Naturforscher

Nach Abschluss seines Studiums ließ Hahnemann sich als Arzt in Hettstedt im Mansfeldschen nieder. Da er jedoch keine rechte Beschäftigung fand, gab er seine Tätigkeit dort auf und siedelte nach Dessau über. Hier interessierte er sich besonders für die Chemie und andere Naturwissenschaften und machte so die Bekanntschaft mit dem Apotheker Häseler, dessen Stieftochter Henriette Küchler er in dieser Zeit kennenlernte und heiratete.

Wegen seiner Misserfolge in der medizinischen Berufsausübung wandte er sich mehr und mehr von der Heilkunde ab. Dagegen zogen seine eifrigen Übersetzungstätigkeiten sowie eigene schriftstellerische Arbeiten schon frühzeitig das Interesse der Wissenschaftler der damaligen Zeit auf sich.

8 Ebd., S. 12.

2.2.3 *Die Entstehung der Homöopathie*

Bei der Übertragung der Abhandlungen über die »Materia medica« des englischen Wissenschaftlers Cullen in die deutsche Sprache bemängelte er dessen Auffassung über die Heilwirkung der Chinarinde und stieß durch eigene Versuche die Tür zur Lehre der Homöopathie auf. Von diesem Zeitpunkt an forschte er unablässig, um die Ergebnisse eines neuen Heilgesetzes zu formulieren.

Seine Forschungstätigkeit wurde ein Jahr unterbrochen, weil ihn der Herzog Emst von Sachsen-Gotha bat, seinen wahnsinnig gewordenen Freund Klockenbrink zu behandeln. Nachdem Hahnemann erfolgreich die Therapie dieses Geisteskranken abgeschlossen hatte, widmete er sich wieder medizinischen Tätigkeiten und der Erforschung der Homöopathie. Dabei verschlug ihn sein unstetes Wanderleben mit seiner kinderreichen Familie in verschiedene Städte im norddeutschen Raum.

1796 veröffentlichte er den berühmten Aufsatz »Versuch über ein neues Prinzip zur Auffindung der Heilkräfte der Arzneisubstanzen« und erwähnte hier erstmalig den homöopathischen Grundsatz: »Similia similibus curentur« (Gleiches mit Gleichem heilen). Man kann somit das Jahr 1796 als das Geburtsjahr der Homöopathie bezeichnen.

Sofort entbrannte ein heftiger Streit unter den Gelehrten der Schulmedizin, die dieses Heilverfahren entschieden ablehnten. Dennoch erhielt Hahnemann trotz der heftigen Gegnerschaft die Habilitation an der Universität Leipzig, wo er ab dem Sommer 1811 das Fach Homöopathie lehrte. Daneben übte er zunehmend wieder die praktische Heilkunst aus, bei der ihm nach Aussagen seiner Anhänger wundersame Heilungen gelangen. Im »Organon der Heilkunst« (erschienen 1810) beschreibt Hahnemann ausführlich Herkunft und Wirkungsweise seines Heilungsprinzips. Dieses Werk gilt bis heute als die »Bibel der Homöopathie«.

Die Ausbreitung des homöopathischen Heilverfahrens rief bald die Apotheker auf den Plan, die verständlicherweise das Selbstdispensieren der Heilmittel verurteilten, welches von Hahnemann verlangt wurde. Nachdem die Apotheker das Verbot des Selbstdispensierens in Leipzig erwirkt hatten, zog Hahnemann nach Köthen, wo er unter der Obhut des Herzogs zu Anhalt-Köthen seinen Heilberuf frei ausüben konnte. Die Unterstützung des Herzogs war ihm gewiss, da jener, wie Hahnemann, treu der Freimaurerei anhing.[9] Diese Bruderschaft verpflichtete und verband sie, sodass er Hahnemann zum Leibarzt und Hofrat ernannte. Nicht allein die freundliche Fürsorge dieses Adligen erleichterte die Vollendung seiner Lebensaufgabe, d. h. die Entwicklung, Durchsetzung und Verbreitung der selbst entdeckten Heilkunst, sondern auch der Redakteur des Reichsanzeigers, Rat Becker, leistete zu jener Zeit durch wohlwollende Veröffentlichungen einen beachtenswerten Beitrag zur Bekanntmachung der Homöopathie. Freimaurerische Kontakte erklären die persönliche Freundschaft Hahnemanns mit dem einflussreichen Zeitungsredakteur.[10]

In Köthen verbrachte er einen ruhigen Lebensabschnitt. Er widmete sich den vielen Kranken, die ihn aufsuchten, und behandelte von dort brieflich zahlreiche Ratsuchende. Die neue Heillehre wurde weiterentwickelt, jedoch entstand außer seinem Werk »Die chronischen Krankheiten« keine umfangreichere Schrift, die das neue Heilprinzip noch ausführlicher belegte.

Neben den ständigen Auseinandersetzungen, sowohl mit den gelehrten Widersachern als auch mit treulosen Anhängern, schien es, dass Hahnemann einen ruhigen Lebensabend im Kreise seiner Familie und der willfährigen Schüler in Köthen verbringen würde. Im Jahr 1830 starb die geliebte Ehefrau, und trotz des

---

9 Eugen Lennhoff und Oskar Posner, Internationales Freimaurerlexikon, Zürich-Wien, 1932, Spalte 1778.

10 Ebd.

hohen Lebensalters setzte sich der geprüfte und oft gescholtene Mann mit 75 Lebensjahren nicht zur Ruhe, sondern verfeinerte die sich rasch in die weite Welt ausbreitende Heillehre, indem er das zweite Fundament neben dem Simileprinzip, nämlich die »Potenzierung« oder »Dynamisierung« der homöopathischen Heilmittel, ins Unermessliche ausdehnte. In den extrem hohen Verdünnungen meinte der Schöpfer dieser Lehre eine so potente Kraft wahrzunehmen, dass er durch Schütteln und Reiben bis hin zu Potenzen von z. B. C 100 und mehr diese kosmische Dynamik nutzen wollte. Zu jener Zeit riet Hahnemann sogar wegen der enormen Heilwirkung der Mittel, sie nicht einzunehmen, sondern nur daran zu riechen. Das reiche schon aus, um die gewünschten Heilerfolge zu erzielen.

Wegen seiner ungebrochenen geistigen Frische war der fast 80-Jährige auch immer noch in der Lage, sowohl Kranke zu behandeln als auch Interessierte in die Heilkunst der Homöopathie einzuführen. Die junge französische Malerin Melanie d'Hervilly kam eigens aus Paris, um persönlich den Rat des berühmten Heilers einzuholen. Durch diese Begegnung wurden intensive Kontakte geknüpft, aus denen eine tiefe Zuneigung erwuchs. Diese ungewöhnliche Beziehung zwischen der jungen Französin (35 Jahre) und dem hochbetagten Hahnemann wurde 1835 durch die Heirat besiegelt. Der angesehene Arzt war seiner zweiten Frau so zugetan, dass er die hohe Stellung in Köthen aufgab und mit der Verehrten nach Paris zog. Gemeinsam eröffnete das ungleiche Ehepaar in dieser Stadt eine homöopathische Praxis. Unzählige Patienten suchten Hahnemann dort auf, damit sie auf seine Weise therapiert werden konnten. Bis kurz vor seinem Tod am 2. Juli 1843 praktizierte er im Dienste seiner »göttlichen« Heilkunst.

3. Das Wesen der Homöopathie

3.1 Was ist Homöopathie?

Das Lebenswerk Hahnemanns, dieses unruhigen und schaffensfrohen Gelehrten, umfasst in erster Linie die Entwicklung, Begründung und praktische Anwendung der homöopathischen Heilkunst. Als eifriger Forscher war er zu der damaligen Zeit unzufrieden und enttäuscht über die Medizin der Ärzte, die mit unzureichenden Mitteln versuchten, die Krankheiten ihrer Patienten zu heilen oder zu lindern. Hierbei benutzten diese vor allem Aderlässe, fragwürdige Heilpflanzen und andere mystische Heilmethoden. Energisch untersuchte Hahnemann die Natur zur Findung eines neuen Heilprinzips, das den Wünschen der Ärzte und Kranken gerecht wurde.

Da er als belesener Gelehrter und auch durch seine fleißige Übersetzungsarbeit die Materia medica in seiner Zeit kannte und mit der Arzneikunde durch chemische sowie pharmazeutische Experimente vertraut war, machte er sich dieses Wissen zunutze, um seine revolutionäre Heilmethode zu erarbeiten. Außerdem versuchte er immer wieder in Erwartung einer neuen, einzigartigen Heilkunde der Natur selbst die Offenbarung abzulauschen, die eine ganzheitliche Heilung versprach.

Wie bekannt, stieß er bei der Übersetzung der »Materia medica« von Cullen auf die seltsame Wirkung der Chinarinde. Das Wissen über diese Arznei, die beim Wechselfieber eingesetzt wurde, gründete in der Annahme einer »auf den Magen ausgeübten stärkenden Kraft«.[11] Doch diese Erklärung wollte Hahnemann nicht

11 Ein Wort an die Leipziger Halbhomöopathen, Leipziger Tageblatt vom 23.10.1832.

anerkennen und erprobte selbst die unbekannte Kraft, um die unverständliche Wirkungsweise der Chinarinde herauszufinden:

> »Ich nahm des Versuchs halber etliche Tage zweimal täglich jedes Mal 4 Quäntchen gute China ein; die Füße, die Fingerspitzen usw. wurden mir erst kalt, ich ward matt und schläfrig, dann fing mir das Herz an zu klopfen, mein Puls wurde hart und geschwind; eine unleidliche Ängstlichkeit, ein Zittern (aber ohne Schauder), eine Abgeschlagenheit durch alle Glieder; dann Klopfen im Kopfe, Röte der Wangen, Durst; alle mir sonst beim Wechselfieber bekannten gewöhnlichen Symptome erschienen kurz nacheinander, doch ohne eigentlichen Fieberschauder. Mit Kurzem: Auch die bei Wechselfiebern gewöhnlich besonders charakteristischen Symptome, die Stumpfheit der Sinne, die Art von Steifheit in allen Gelenken, besonders aber die taube widrige Empfindung, welche in dem Periostium über allen Knochen des ganzen Körpers ihren Sitz zu haben scheint – alle erschienen. Dieser Paroxysmus dauerte 2-3 Stunden jedes Mal und erneuerte sich, wenn ich diese Gabe wiederholte, sonst nicht. Ich hörte auf und ich war gesund.«[12]

Weiterhin bemerkte er über Cullen:

> »Hätte der Verfasser eine Kraft in der Rinde gewittert, ein künstliches antagonistisches Fieber zu erregen, ... gewiss, er würde nicht so eisern auf seiner Erklärungsart stehen geblieben sein.«[13]

---

12 Beilage aus Brief Hahnemanns an Stapf, Köthen 5. 8. 1830 Brief liegt im Original vor im Institut für Geschichte der Medizin der Robert Bosch Stiftung, Straußweg 17, 70184 Stuttgart.

13 R. Haehl, Samuel Hahnemann – Sein Leben und Schaffen, Band 1, S. 43, Schwabe Verlag, Leipzig, 1922.

Der Biograph Hahnemanns, Dr. R. Haehl, fasst zusammen:

> »Der Chinarinde, die als Heilmittel gegen Wechselfieber gilt, kommt die Kraft zu, im Gesunden wechselfieberähnliche Erscheinungen hervorzurufen.«[14]

3.2 Die Ähnlichkeitsregel oder das Simileprinzip

Allmählich wurde das Hahnemannsche Ähnlichkeitsprinzip als allgemeingültige Regel angenommen. In dem 1796 erschienenen Aufsatz »Versuch über ein neues Prinzip zur Auffindung der Heilkräfte der Arzneisubstanzen« formuliert der Begründer der Homöopathie endgültig den ersten Grundsatz seiner Lehre:

> »Jedes wirksame Arzneimittel erregt im menschlichen Körper eine Art von eigener Krankheit, eine desto eigentümlichere, ausgezeichnetere und heftigere Krankheit, je wirksamer die Arznei ist. Man ahme die Natur nach, welche zuweilen eine chronische Krankheit durch eine andere hinzukommende heilt, und wende in der zu heilenden (vorzüglich chronischen) Krankheit dasjenige Arzneimittel an, welches eine andere, möglichst ähnliche künstliche Krankheit zu erregen imstande ist, und jene wird geheilt werden; Similia similibus (Ähnliches mit Ähnlichem).«[15]

Erstmals vermutete er, dass man die Ähnlichkeitsregel in Beziehung zu der Heilwirkung von natürlichen Substanzen setzen könnte, die er als Grundlage für weitere Experimente am »gesunden« Menschen anwandte. Nach Verabreichung verschiedener Arzneitinkturen an sich selbst, Familienangehörigen und Freunden beobachtete er die Symptome und Veränderungen, welche im körperlichen sowie im seelischen Bereich auftraten. Ergebnisse

---

14 Ebd.
15 Ebd., S. 75.

dieser Testungen notierte er gewissenhaft und verglich sie mit den Erscheinungen, die Krankheiten an Patienten hervorgerufen hatten. Nun wandte er bei Erkrankten die gleiche Arzneisubstanz an, die bei seinen Testpersonen ähnliche Symptome ausgelöst hatten, jedoch in einer geringeren Dosierung.

Das Hauptwerk Hahnemanns, das »Organon der Heilkunst«, beschreibt ausführlicher die neu geschaffene Simileregel. Im Gegensatz zur althergebrachten Medizin, welche er konträr als Allopathie verwarf (Contraria contraris curentur – Gegensätzliches wird durch Gegensätzliches geheilt), forderte er dort auf:

> »Wähle, um sanft, schnell, gewiss und dauerhaft zu heilen, in jedem Krankheitsfall eine Arznei, welche ein ähnliches Leiden erregen kann als sie heilen soll!«[16]

Hahnemann wurde von der Vorstellung geleitet, den Arzneien der Natur sei die gerichtete Heilkraft abzuspüren. Wenn man am gesunden Körper untersuchte, welche Veränderungen die Substanzen hervorriefen, würde das genaue Arzneibild dem beobachtenden Forscher geoffenbart werden:

> »Es kann niemand leugnen, dass das heilende Wesen in Arzneien an sich nicht erkennbar ist. Auch bei reinen Versuchen kann selbst vom scharfsinnigsten Beobachter an Arzneien sonst nichts, was sie zu Heilmitteln machen könnte, wahrgenommen werden, als jene Kraft, im menschlichen Körper deutliche Änderungen seines Befindens hervorzubringen. Besonders den gesunden Menschen kann sie in seinem Befinden umstimmen und zahlreiche, bestimmte Krankheitssymptome in und an demselben erzeugen. Wir haben uns daher nur an die krankhaften Zufälle, welche die Arzneien im gesunden Körper erzeugen, als die ein-

---

16 Samuel Hahnemann, Organon der rationellen Heilkunde, S. 5, 1. Auflage, Arnold Verlag, Dresden, 1810.

> zige mögliche Offenbarung ihrer innewohnenden Heilkraft zu halten, um zu erfahren, welche Krankheitserzeugungskraft jede einzelne Arznei besitze. Das heißt zugleich, welche Heilkraft sie hat.«[17]

Es ist fortan das Bemühen Hahnemanns, das zu belegen, was er als das »große und einzige Naturheilgesetz« ansieht:

> »Heile durch Symptomähnlichkeit.«[18]

Unumstößlich hält er an dieser seiner These fest, lässt keinen Zweifel zu und kommt zu dem Schluss:

> »Die wahren, sanften Heilungen geschehen bloß auf homöopathischem Wege ...,weil diese Heilart auf einem ewigen, untrüglichen Naturgesetz beruht.«[19]

3.3 Die Lebenskraft

Aus dem Simileprinzip wird nun versucht, den Heilungsprozess nach den Annahmen der damaligen Heilkundigen folgendermaßen abzuleiten:

> »Der von natürlicher Krankheit verstimmten Lebenskraft wird durch Eingabe einer genau nach Symptomähnlichkeit gewählten Arzneipotenz eine etwas stärkere, ähnliche, künstliche Krankheitsaffektion beigebracht, gegen welche die instinktartige Lebenskraft eine erhöhte Energie zu richten gezwungen ist. Die Heilung erfolgt also über eine der Naturkrankheit ähnliche, aber überlegene arzneiliche Kunst-

---

17 Ebd., S. 21, 6. Auflage, K. Haug Verlag, Heidelberg, 1981.
18 Ebd., S. 50.
19 Ebd., S. 53.

krankheit. Similia similibus.«[20] Die biodynamistischen Vorstellungen von bestimmten Lebenskräften wurden bis weit in das 19. Jahrhundert vertreten. Der Glaube an die Existenz und das Wirken solcher Kräfte beherrschte die Biologie und Medizin jener Zeit.[21] Christoph Wilhelm Hufeland, ein Zeitgenosse und Freund Hahnemanns, sah in der Lebenskraft »die Grundursache des Lebens. Ihr Wesen ist unbekannt. Sie ist eine gewaltige Kraft, sie erfüllt und belebt das Substrat des Lebens, sie bringt Leben hervor, erhält es, heilt die Krankheiten und verhindert den Verfall der lebendigen Strukturen. Die Lebenskraft ist das größte Erhaltungsmittel des Körpers, sie schützt vor Destruktion und Verfall. Der Tod ist schließlich der Verlust der Lebenskraft. Die Lebenskraft kann beim Gesunden geschwächt, beim Kranken gestärkt werden.«[22]

In diesen vitalistischen Kategorien dachte auch Hahnemann. Darum ist nachzuvollziehen, warum er die Lebenskraft zur Erklärung der homöopathischen Heilwirkung anführte. Diese Gedanken über die Ursachen der Krankheiten übernahm er von seinen Zeitgenossen.

»Einzig die krankhaft gestimmte Lebenskraft bringt die Krankheiten hervor, sodass die mit unseren Sinnen wahrnehmbare Krankheitsäußerung zugleich alle innere Veränderung, das heißt, die ganze krankhafte Verstimmung der inneren Dynamis ausdrückt und die ganze Krankheit zutage legt.«[23]

20 Prof. K. E. Rotschuh, Konzepte der Medizin, S. 339, Hippokrates Verlag, Stuttgart, 1978.

21 Ebd., S. 330/331.

22 Ebd., S. 332/333.

23 Samuel Hahnemann, Organon der rationellen Heilkunde, S. 12, 6. Auflage, K. Haug Verlag, Heidelberg, 1981.

Die Lebenskraft selbst definierte Hahnemann ähnlich wie Hufeland:

> »Im gesunden Zustand des Menschen waltet die geistartige, als Dynamis den materiellen Organismus belebende Lebenskraft unumschränkt. In bewundernswürdig harmonischem Lebensgang hält sie alle Teile, seine Gefühle und Tätigkeiten aufrecht, sodass der in uns wohnende vernünftige Geist sich dieses lebendigen und gesunden Werkzeugs frei zum höheren Zwecke unseres Daseins bedienen kann. Die Lebenskraft ist aber bloß instinktartig und verstandlos; sie wurde unserem Organismus nur anerschaffen, um unser Leben in harmonischem Gang fortzuführen, solange er gesund ist, nicht aber, um Krankheiten selbst zu heilen.«[24]

Durch die Umstimmung der veränderten Lebenskraft im Krankheitsfall musste nach seiner Meinung die erwünschte Gesundung des Organismus erreicht werden. Hierzu diente das von ihm erdachte Simile. Keine andere Kraft, außer die Potenz der ähnlichen künstlichen Arzneikrankheit, sollte in der Lage sein, die Lebenskraft so zu beeinflussen, dass sie wieder gestärkt und völlig hergestellt würde. Die Lebenskraft, eine angenommene »geistartige Dynamis, konnte nicht anders als auf geistartige (dynamische) Weise ergriffen und affiziert werden. Alle solche krankhaften Verstimmungen können auch durch den Arzt nicht anders von ihr entfernt werden als durch geistartige (dynamische) Umstimmungskräfte, welche die dienlichen Arzneien auf unsere geistartige Lebenskraft haben …«[25]

24 Ebd., S. 9.
25 Ebd., S. 16.

3.4 Die Potenzenlehre

Um nun mit diesem Geist der Lebenskraft korrespondieren zu können, mussten die homöopathischen Arzneien in einen geistartigen Zustand versetzt werden. Die reinen arzneilichen Substanzen wurden mit dem Zweck verdünnt, sie in eine immaterielle Form umzuwandeln. Nicht mehr die natürliche Wirkungskraft der ursprünglichen Arznei, sondern die der Arznei innewohnende, geistartige Kraft sollte durch Verdünnung zielgerichtet freigesetzt werden. Hahnemann nannte diesen Prozess auch »Dynamisation« oder »Potenzierung« der homöopathischen Heilmittel. Dieses Vorgehen erschien ihm schlüssig, da er den reinen Naturstoffen keine Veränderung der unsichtbaren und feinen Lebenskraft zutraute. Über das Potenzieren berichtet Hahnemann im »Organon« 269:

> »Die homöopathische Heilkunst entwickelt zu ihrem besonderen Zweck die inneren, geistartigen Arzneikräfte der rohen Substanzen mittels einer ihr eigentümlichen, bis zu meiner Zeit unversuchten Behandlung zu einem früher unerwarteten Grad. Dadurch werden sie erst recht ›durchdringend‹ wirksam und hilfreich, selbst diejenigen unter ihnen, welche in rohem Zustand nicht die geringste Arzneikraft im menschlichen Körper äußern. Diese merkwürdige Veränderung in den Eigenschaften der Naturkörper durch mechanische Einwirkung auf ihre kleinsten Teile – durch Reiben und Schütteln –, während sie durch Dazwischentreten einer indifferenten Substanz trockener oder flüssiger Art voneinander getrennt sind, entwickelt die latenten, vorher unmerklich wie schlafend in ihnen verborgen gewesenen dynamischen Kräfte, welche vorzugsweise auf die Lebenskraft und auf das vegetative System Einfluss haben. Man nennt daher diese Bearbeitung derselben Dynamisieren oder Potenzieren (Entwickeln der Arzneikraft) und die Produkte davon Dynamisation oder Potenzen in verschiedenen Graden.«

Die Homöopathika wurden in einem bis dahin nicht üblichen Verfahren hergestellt. Ihre Dispensierung musste in der Hand des Arztes bleiben, der die geistigen Hintergründe und die praktische Anwendung nach den Gesetzen Hahnemanns nachvollziehen konnte. Anfangs verdünnte der »berufene« Heiler die Naturstoffe in Dezimalschritten. Dabei ergab 1 Teil der Arznei im Verhältnis zu 9 Teilen des Trägerstoffes die Potenz D 1. Jeweils zehnfach weiterverdünnt oder besser, dynamisiert, erreichte man über die Dezimalpotenzen D 2 (1:100), D 3 (1:1000) usw. die gebräuchlichen Potenzen D 20 – D 30. Nach Fortentwicklung des homöopathischen Heilverfahrens riet Hahnemann, die sogenannten Hochpotenzen herzustellen, denen er eine noch stärkere Heilkraft beimaß. Centesimalpotenzen (z. B. C 100 = $1{:}100^{100}$) oder sogar Quinquigenta-Milesimalpotenzen (z. B. LM 30 = $1{:}50000^{30}$) sollten mittels kräftiger »Schüttelschläge eine geistartige Arzneiflüssigkeit bilden«.[26]

Um die mediale Dynamisation zu erläutern, beschrieb Hahnemann die Wirkungsweise und die Herstellung der homöopathischen Heilmittel folgendermaßen und grenzte dabei das Verfahren von einem einfachen Verdünnungsvorgang ab:

> »Man hört noch täglich die homöopathischen Arzneipotenzen bloß Verdünnungen nennen. Sie sind aber das Gegenteil derselben, nämlich wahre Aufschließung der Naturstoffe und Zutageförderung der in ihrem Inneren verborgen gelegenen, spezifischen Arzneikräfte, durch Reiben und Schütteln bewirkt, wobei ein zu Hilfe genommenes, unarzneiliches Verdünnungsmedium bloß als Nebending hinzutritt. Verdünnung allein, z. B. die Auflösung eines Grans Kochsalz, ergibt fast reines Wasser; das Gran Kochsalz verschwindet in der Verdünnung mit viel Wasser und wird dadurch nie zur Kochsalz-Arznei. Diese erreicht dagegen durch unsere wohl bereitete Dynamisation eine bewunderungswürdige Stärke.«[27]

26 Ebd., S. 270.
27 Ebd., S. 269.

»Um nun diese Kraftentwicklung am besten zu bewirken, nahm man früher 2 Tropfen der Mischung von gleichen Teilen frischen Presssafts und Alkohol, gab 98 Tropfen Alkohol dazu und schüttelte die Flasche mit Inhalt 2-mal stark. Man hatte weitere 29 Flaschen bereit, die zu je zwei Drittel mit 99 Tropfen Alkohol gefüllt waren; in jede tat man 1 Tropfen des vorhergehenden Fläschchens und gab jeder Flasche 2 starke Schüttelschläge. Die letzte, also die 30. Flasche, enthielt dann die Verdünnung der dezillionsten Kraftentfaltung, welche am häufigsten angewendet wurde.

Der Vorschrift zur Herstellung der oben angeführten Centesimalpotenzen folgte am Ende von Hahnemanns Schaffenszeit die Anweisung für LM-Potenzen:

Herstellung von LM-Potenzen

(1 Gran = 0,06 Gramm)

1 Gran Arzneimittel	+ 100 Gran Milchzucker = C 1 = 1:100
l Gran C1	+ 100 Gran Milchzucker = C 2 = 1:10000
1 Gran C 3	+ 100 Gran Milchzucker = C3 = 1:1000000

1 Gran C 3 in 500 Tropfen Alkohol (20%) lösen,
davon 1 Tropfen + 100 Tropfen Alkohol = LM 1

1 Gran Globuli = 100 Globuli, mit LM 1 befeuchten
= 100 Globuli LM1

1 Globulus LM 1 in 1 Tropfen Wasser lösen
+ 100 Tropfen Alkohol = LM 2

1 Globulus LM 2 in 1 Tropfen Wasser lösen
+ 100 Tropfen Alkohol = LM 3, usw.

Diese extrem hohen Dynamisierungen lassen zugegebenermaßen nicht ein noch so kleines materielles und messbares Teil der Ursubstanz in der so hergestellten Lösung vermuten.«[28]

Wie aus den eigenen Aussagen Hahnemanns zu schließen ist, ist die Substanz selbst auch keinesfalls in der Dilution erwünscht, sondern nur die »geistartige Arzneiflüssigkeit«[29], welche ihre »Similematrix durch ähnliche künstliche Krankheit der geistigen Lebenskraft aufdrückt. Der Lebenskraft wird das Gefühl der natürlichen Krankheit entzogen.«[30]

Trotz des Hinweises, möglichst hohe Potenzen zu verwenden, warnt Hahnemann vor der unkontrollierten Dynamisation, da er eine überdosierte, geistige Kraft befürchtete, die dem Kranken Schaden zufügen könnte.[31] Die Befürchtungen, die hier zum Ausdruck kommen, lassen erahnen, welche unermesslichen Kräfte der Begründer der Homöopathie den Similepotenzen zudachte. So kann man annehmen, dass er sich im Laufe seiner Forschung langsam an die Anwendung von Hochpotenzen heranwagte. Seine Vorstellungen wurden nicht von der Unwirklichkeit der extrem verdünnten Arzneien bestimmt, sondern die Gedanken an übernatürliche dynamische Vorgänge jenseits messbarer und sichtbarer Veränderungen erklären seine Auffassungen über die Potenzierung durch Schütteln und Reiben flüssiger und fester Arzneisubstanzen in unermesslicher Verdünnung.

---

28 Aktuelle Anwendungsmöglichkeiten der Homöopathie in der ärztlichen Praxis (Gabany, Stand Februar 1989); Teil 3, Kap. 2, S. 2.

29 Samuel Hahnemann, Organon der rationellen Heilkunde, S. 157, 6. Auflage, K. Haug Verlag, Heidelberg, 1981.

30 Ebd.

31 Ebd., S. 275/276.

3.5 Zusammenfassung: Was besagt die Homöopathie?

1. Krankheit ist Umstimmung der Lebenskraft
2. Ähnliches wird durch Ähnliches geheilt (Simileregel)
3. Durch Prüfung am Gesunden wird die Symptomenähnlichkeit festgestellt
4. Eine künstliche Krankheit soll erzeugt werden, die stärker ist als die natürliche Krankheit
5. Um der Arznei die Kraft zuzuführen, die künstliche Krankheit hervorzurufen, muss sie verdünnt, d. h. potenziert werden, damit die Lebenskraft von Krankheit auf Gesundheit umgestimmt werden kann
6. Kranke, nicht Krankheiten sollen geheilt werden

4. Homöopathie heute

Hört man auf einige Vertreter der Homöopathie in unserer Zeit, wird oft der Eindruck vermittelt, dieses alternative Heilverfahren habe nichts mehr mit den geistigen Vorstellungen ihres Begründers gemein. In der Tat vermeiden fast alle Verfechter die metaphysischen Vokabeln Hahnemanns und vergessen dabei, dass ohne die übernatürlich einsichtigen Erläuterungen des Entdeckers die Wirkungsweise der Homöopathie unverständlich wird.

Die Anwendung geschieht heute jedoch nach den gleichen Prinzipien wie zu Zeiten Hahnemanns. In seinen Erläuterungen über die »Aktuellen Anwendungsmöglichkeiten der Homöopathie in der ärztlichen Praxis (Stand Februar 1989)« stellt der Verfasser unmissverständlich fest:

> »Der Begriff Homöopathie wird heute so kontrovers angewandt, dass man definieren muss, was darunter zu verstehen ist: Wir verstehen unter Homöopathie die Lehre des deutschen Arztes Dr. med. Samuel Hahnemann (1755-1843).«[32]

Um dem wissenschaftlichen Denken des 20. Jahrhunderts zu entsprechen, werden die ursprünglichen, metaphysischen Erklärungsversuche verleugnet; was jedoch nicht heißt, dass neue unumstößliche wissenschaftliche Beweise an ihre Stelle getreten sind. Der Gedanke drängt sich auf, dass die Homöopathie heute als »gottgegeben« hingenommen und praktiziert wird. Das heißt, dass auf kausale, einleuchtende Erläuterungen mehr oder weniger verzichtet wird. Weder das Ähnlichkeitsprinzip noch die Potenzenlehre, die beiden Grundpfeiler der Lehre, werden aufgrund

32 Aktuelle Anwendungsmöglichkeiten der Homöopathie in der ärztlichen Praxis (Gabany, Stand Februar 1989); Teil 3, Kap. 2, S. 1.

moderner Erkenntnisse abgelehnt. Auch wenn die sogenannten Hochpotenzen sicher nicht von jedem anerkannt werden, da sie nur schwierig in unsere nüchterne Denkweise heute einzuordnen sind, so ist doch die Homöopathie an sich sozusagen säkularisiert worden. In den heutigen homöopathischen Praxisanleitungen empfiehlt man selten höhere Potenzierungsstufen als D 20 und bleibt geflissentlich unter der Loschmidt-Zahl, die besagt, dass bei einer Verdünnung über $1:10^{23}$ kein Molekül der ursprünglichen Substanz mehr in der Lösung vorhanden ist. Offensichtlich ist das ein Zugeständnis an die Ergebnisse naturwissenschaftlicher Forschung. Jedoch zerstört diese Anpassung die althergebrachten Grundsätze der Homöopathie nicht. Von einigen wenigen wird nach wie vor mit Hahnemannschen Extremverdünnungen operiert, sodass man die praktizierenden Homöopathen in „Niedrigpotenzler« oder »Hochpotenzler« unterscheiden kann. Alle Anwender verfahren in gleicher Weise nach dem Ähnlichkeits- und Potenzierungsprinzip, wie es Hahnemann früher im Sinne seiner Heilmethode gefordert hat. Deswegen ist es also auch zulässig, die damalige und heutige Homöopathie an dem Lebenswerk Hahnemanns messen und beurteilen zu dürfen.

4.1 Die wissenschaftliche Begründung

Da bisher der glaubwürdige Beweis jener Heilungsgrundsätze weder naturwissenschaftlich noch geisteswissenschaftlich erbracht worden ist, müssen die Homöopathen durch begreifbare Forschungsergebnisse und nicht nur durch Beschreibung von Einzelfällen (bei denen ihre Behandlung wirklich oder angeblich Erfolg gezeigt hat) nach nun fast 200 Jahren offenlegen, auf welche Weise ihre Behandlung hilfreich sein soll.

Das Nichtvorhandensein einer einleuchtenden Beweisführung sollte den verantwortungsvollen Arzt oder Naturheiler geradezu herausfordern, sich kritisch und aufklärend mit der Homöopathie auseinanderzusetzen. Dabei kann man leider keine naturwissenschaftlichen Beweise anführen, da sich diese Lehre im Prinzip überhaupt keiner naturwissenschaftlichen Überprüfung stellen kann; denn zum einen kennt die Naturwissenschaft kein Naturgesetz, welches besagt, dass Gleiches mit Gleichem geheilt wird, und zum anderen werden in der Homöopathie nur individuell Kranke behandelt und keine Krankheiten, sodass eine experimentelle, wissenschaftliche und statistische Studie nicht durchzuführen ist. Daraus folgt, dass eine Analyse der Wirkungsweise und der Heilerfolge der Homöopathie zum Scheitern verurteilt ist.

Mag man auch heute verzweifelt im Lager der Anhänger der Homöopathie bemüht sein, die sogenannten Verdünnungen oder Potenzen in ihrer Wirkung zu ergründen, so wird es doch nie gelingen, den ersten Grundsatz, die Ähnlichkeitsregel, als wissenschaftlich unumstößliches Naturgesetz aufzustellen.

Zurzeit ist weder die Ähnlichkeitsregel noch die Potenzenwirksamkeit durch ihre Vertreter oder Kritiker glaubhaft belegt worden. Unzählige Versuche, welche nachweisen sollen, wie auch kleinste bzw. nicht mehr messbare Arzneidosen Veränderungen im menschlichen Körper herbeiführen können, belegen zwar in Einzelfällen die zu begründende These. Eine Übertragung auf die Potenzenlehre im Allgemeinen jedoch lässt sich so keinesfalls ableiten. Wir wissen heute zwar, dass kleinste Mengen körpereigener Hormone den biologischen Ablauf des menschlichen Organismus regeln. Dieses häufig angeführte Beispiel der Verfechter der Potenzenlehre preist ohne Zweifel die Erkenntnisse der modernen Naturwissenschaft, beweist aber nicht ohne Weiteres, dass homöopathische Arzneiverdünnungen in gleicher Weise ihre Wirkung entfalten können.[33]

33 Dieter A. Oesch, Chancen und Grenzen der Naturheilkunde, S. 118/119, Verlag Wort im Bild, Hammersbach, 1987.

4.2 Die historische Beweisführung

In Ermangelung einer Beweisführung mit naturwissenschaftlichen Maßstäben ist nur ein gangbarer Weg einzuschlagen, um die geistigen Quellen gründlich zu erforschen: die historisch-philosophische Methode! Wo liegen die Ursprünge der Homöopathie verborgen? Aus welchen Quellen hat der »Entdecker« dieses Simileheilverfahrens seine Erkenntnisse gewonnen?

Hahnemann hat den Hinweis, woher er seine Erkenntnisse bezieht, selbst gegeben, indem er offen zugibt, dass er den Gott der Deisten bemüht hat, um endlich der leidenden Menschheit eine göttliche Heilkunst anbieten zu können.[34] Dass Hahnemann als überzeugter Deist mit dem natürlichen, sprich übernatürlichen Eingreifen jenes Gottes gerechnet hat, entnehmen wir dem folgenden ausführlichen Zitat. In einer Auseinandersetzung mit der Wiedergeburt der Heilkunde schreibt er Folgendes:

> »Ich bin seit 18 Jahren von dem gewöhnlichen Wege in der Heilkunde abgegangen. Es war mir ein Piaculum, so fort mit unseren Büchern bei Behandlungen der Kranken im Finsteren zu tappen, nach der und jener – eingebildeten – Ansicht der Krankheiten Dinge zu verordnen, … ich machte mir ein empfindliches Gewissen daraus, unbekannte Krankheitszustände bei meinen leidenden Brüdern mit diesen unbekannten Arzneien zu behandeln. Doch vielleicht ist die ganze Natur dieser Kunst, wie große Männer schon sagten, von der Art, dass an sich keine größere Gewissheit hineingebracht werden kann, dass sie keiner größeren Gewissheit fähig ist.
>
> *›Schändlicher, gotteslästerlicher Gedanke‹, schlug ich mich vor die Stirn. – Wie? die Allweisheit des unendlichen Geistes, der*

34 Karl Hoede, Samuel Hahnemann, S. 6, aus Quatuor-Coranti-Hefte, Nr. 5, Gemeinsame Veröffentlichung der Freimaurerischen Forschungsgesellschaft e.V.

das Universum beseelt, sollte nicht Mittel hervorbringen können, die Leiden der Krankheiten zu stillen, die er doch entstehen ließ? (Hervorhebung durch mich)

Die allliebende Vatergüte dessen, den kein Name würdig genug nennt, der sogar für alle, und selbst für die kaum denkbaren Bedürfnisse des dem schärfsten Menschenauge nicht sichtbaren Tierchens im Staube, reichlich sorgt und durch seine ganze Schöpfung hin Leben und Wohlbehagen in reicher Fülle zuvorkommend ausstreut, sollte der Tyrannei fähig sein, nicht zuzugeben, dass sein (ihm verwandter) Mensch, selbst nicht mit Anstrengung des durchdringenden, ihm von oben eingehauchten Geistes, Mittel aus dem ungeheuren Reiche der Erdenschöpfung kennenzulernen den Weg fände, die die Qualen von seinen Mitbrüdern zu verscheuchen fähig wären, welche oft schlimmer als der Tod selbst sind? *Er, der Allvater, sollte die Krankheitsmartern seiner liebsten Geschöpfe mit Kälte ansehen und dem doch sonst alles möglich machenden Genie der Menschen keinen Weg, keinen leichten, sicheren und zuverlässigen Weg möglich gemacht haben, wie sie die Krankheiten aus dem rechten Gesichtspunkte anzusehen hätten und wie sie die Arzneien befragen könnten, wozu jede nütze, wofür sie wirklich und sicher und zuverlässig hilfreich sei? Ehe ich diese Gotteslästerung hätte stattfinden lassen, eher hätte ich alle Schulsysteme der Welt verschworen.* (Hervorhebung durch mich)

Nein! es ist ein Gott, ein guter Gott, die Güte und Weisheit selbst! Und ebenso gewiss muss es, durch ihn erschaffen, einen Weg geben, auf dem sich Krankheiten in richtigem Gesichtspunkte ansehen und mit Gewissheit heilen lassen, einen nicht in endlosen Abstraktionen und fantastischen Grübeleien versteckten Weg.

Gut! dachte ich, wenn es dann einen sicheren und zuverlässigeren Heilweg geben muss, so wahr Gott das weiseste und gütigste Wesen ist, so lass mich ihn nicht weiter in den Dornenhecken ontologischer

Erklärungen suchen, in willkürlichen, obgleich stattlich zu einem prunkenden System ausführbaren Meinungen und Trugschlüssen, nicht in den Autoritäten hoch gefeierter Wähnemenschen, — nein, lass mich ihn da suchen, wo er am nächsten liegen könnte, und wo sie alle darüber hinausgelaufen sind, weil er nicht gekünstelt, nicht gelehrt genug schien, und nicht mit Lorbeerkränzen für Sieger in Systemtalenten, in Scholastik und in hochfliegenden Abstraktionen behangen war.«[35] (Hervorhebung durch mich)

Hahnemann fährt mit seinen Ausführungen fort und fragt sich:

»Wie könntest du nun wohl – so fing ich an, meinen Weg zu finden – den Arzneien anmerken, für welche Krankheitszustände sie geschaffen sind? Du musst, dachte ich, die Arzneien beobachten, wie sie auf den menschlichen Körper einwirken, wenn er sich auf dem ruhigen Wasserspiegel seiner Gesundheit befindet.«[36]

Einen materialistisch denkenden Wissenschaftler mag es verwundern, wenn Hahnemann seine Heilungslehre mit göttlichem Glanz versieht und sogar begründet. Der gläubige Christ dagegen, der zwar wie der Schöpfer der Homöopathie an einer übernatürlichen Welt festhält, fragt sich jedoch, welchen theologischen Quellen diese Glaubenszuversicht zugrunde gelegt werden kann. Entspringt sie einer biblisch-christlichen Glaubenshaltung oder sind andere Ursprünge zu erkennen? Wenn Hahnemann nun ein christliches Leben ausgezeichnet hätte, so könnte man versucht sein, die Begründung seiner geistigen Theorien im Wort Gottes, der Heiligen Schrift, zu suchen und zu entdecken. Aber es ist nie seine Absicht gewesen, den christlichen Glauben zur Rechtfertigung seiner Heillehre anzuführen; im Gegenteil: Man kann erken-

35 Hahnemann – Kleine medizinische Schriften – herausgegeben von D. Ernst Stapf, Dresden und Leipzig 1829: Auszug eines Briefes an einen Arzt von hohem Rang über die höchst nötige Wiedergeburt der Heilkunde. Aus dem Allgem. Anzeiger d. D., Nr. 343, Jhrg. 1808.

36 Ebd.

nen, dass er die Fundamente des Evangeliums, einschließlich der Person Jesu Christi, abgelehnt hat, denn in einem Brief an seinen Schüler Stapf schrieb er:

> »*Da ist göttliche Weisheit zu lesen, ohne Wunder, ohne Fabel und ohne Aberglauben. Es ist ein wichtiges Zeichen der Zeit, dass Konfuzius bei uns nun kann gelesen werden. Ihn selber werde ich im Reiche der glücklichen Geister nun bald umarmen, den Wohltäter der Menschheit, der uns den geraden Weg zur Weisheit und zu Gott führt, schon sechseinhalbhundert Jahre vor dem Erzschwärmer.*«[37] (Hervorhebung durch mich)

Der Hahnemannforscher Fritsche bemerkt hierzu:

> »Christ kann Hahnemann nicht sein, obwohl er fromm ist wie ein Pietist. Hahnemanns Gott greift zwar fortwährend als führende und schenkende Macht in das Leben ein, aber er führt zur Erkenntnis und beschenkt das Hirn und nicht das Herz.
>
> Wo er hingegen als Erkennender ringt und um Erleuchtung bittet, gerät er in enge Geistesnachbarschaft zum Osten. Konfuzius ist ihm Vorbild. Er liest ihn während der Köthener Tage mit tiefer Zustimmung.
>
> Der Erzschwärmer Jesus von Nazareth, der nicht Erleuchtete auf dem geraden Weg zur Weisheit führt, sondern mit Zöllnern und Sündern den schweren Weg zum Gottesreich auf Erden erkämpfen will, der nicht durch Erkenntnis zum Reiche der glücklichen Geister aufsteigen lehrt,

37 Brief an Stapf, 1830, Köthen – im Original ohne Datum – Jahreszahl 1826, laut Angabe von Haehl und Tischner. R. Tischner, Hahnemann und Goethe, in der Hippokrates-Zeitschrift, 18. Jahrgang, 1947, S. 268; und Dr. Haehl, Samuel Hahnemann – Sein Leben und Schaffen, Band 2, S. 401, Leipzig, 1922, einsehbar im Institut für Geschichte der Medizin der Robert Bosch Stiftung, Straußweg 17, 70184 Stuttgart.

sondern vom Kreuz her noch zu dem in Reue stöhnenden Schächer spricht, dieser das Dunkel der Welt auf sich nehmende Schmerzensmann ist dem Liebhaber der ätherischen Wahrheit anstößig.«[38]

Es ist tragischerweise eine nicht zu leugnende Tatsache, dass dieser Gelehrte der Aufklärung seine Offenbarungen aus dem zweifelhaften Wissen der damals weitverbreiteten sogenannten natürlichen Religion geschöpft hat. Von seiner Jugendzeit bis zu seinem Tod war er ein treuer Anhänger des Deismus. Sein ausführliches Schrifttum und auch seine frühe Mitgliedschaft in einer Freimaurerloge verraten seine Geisteshaltung. Obwohl er Aberglauben und Wunderfabeln abgelehnt hat, übernahm er kritiklos die wundersamen Vorstellungen der damaligen vorherrschenden Weltanschauung. Seine Förderer, Gastgeber, seine glühenden Anhänger sowie Männer, die entscheidend zur Verbreitung seiner Lehre beigetragen haben, waren ausnahmslos Mitglieder von Logen.[39]

Hahnemann stand geradezu unter dem religiösen Zwang, der Welt endlich eine Heilkunst vorzulegen, die den Gesetzen der natürlichen Religion gehorchte. Somit öffnete er sich sogar mystischem Gedankengut, das er seinem Erforschen der Naturkräfte zugrunde legte. Bei der Beurteilung der Entstehungsgeschichte und der Inhalte seiner Lehre staunt der nüchterne Beobachter nun nicht mehr, wenn er die kosmischen und magischen Vorstellungen Hahnemanns dort wiederfindet. Zusammenfassend lässt sich sagen, dass sich die Homöopathie, was ihren Ursprung und ihre Wirkungsweise betrifft, nur geistesgeschichtlich deuten lässt, da, wie oben schon erwähnt, eine natürliche oder besser eine naturwissenschaftliche Herkunft und Heilwirkung nicht vorhanden ist.

---

38 H. Fritsche, Hahnemann – Die Idee der Homöopathie, S. 263, Suhrkamp, Berlin, 1944.

39 Karl Hoede, Samuel Hahnemann, S. 23-26, aus Quatuor-Coranti-Hefte, Nr. 5, Gemeinsame Veröffentlichung der Freimaurerischen Forschungsgesellschaft e.V.

5. Das Simileprinzip

5.1 Seine magisch-kosmischen Quellen

Nach den allgemeinen Erörterungen über Hahnemanns persönlichen mentalen Hintergrund bei seiner besonderen Heilungsfindung, die den Gott der Aufklärung zum Schöpfer nicht nur des Universums, sondern auch der Homöopathie erklärt, wird im Folgenden die kosmische, ja sogar magische Denkweise offengelegt, um die bisher noch verborgenen Absichten der Hahnemannschen Heilungsoffenbarungen zu entlarven.

Das Simileprinzip, d. h. die Ähnlichkeitsregel, ist nicht eine Erfindung des Begründers des homöopathischen Therapieverfahrens gewesen; denn die Vorstellung von Ähnlichkeiten fußt auf uralten Denkmodellen verschiedener Religionssysteme, die mehr oder weniger eine monotheistische Grundlage besitzen.

5.1.1 Das Simile in der chinesischen Medizin

Im China der Chou-Zeit wurde nach der Abkehr von der Dämonenmedizin an der Lehre der sogenannten »Entsprechungen« festgehalten. Paul U. Unschuld unterteilt diese Medizin der Entsprechungen in die »Entsprechungsmagie« und das »Entsprechungssystem«. Allgemein stellt er richtig fest:

> »Mit dem Terminus *Medizin der Entsprechungen* oder auch *Entsprechungsmedizin* fassen wir zwei heilkundliche Ideensysteme zusammen, deren enge konzeptionelle Verwandtschaft diese gemeinsame Bezeichnung rechtfertigt. Es sind dies die Medizin der Entsprechungsmagie und die Medizin des Entsprechungssystems. Beiden gemeinsam liegt ein Paradigma zugrunde, demzufolge die Phänomene der sicht-

baren und unsichtbaren Umwelt durch ihre Zugehörigkeit zu bestimmten Entsprechungsreihen in gegenseitiger Abhängigkeit stehen. Die Wissenschaft der Entsprechungen schließt daraus, dass man mithilfe der Manipulation eines Gliedes einer bestimmten Entsprechungsreihe andere Glieder derselben Reihe beeinflussen kann.«[40]

Die Entsprechungsmagie beschreibt der oben genannte Autor wie folgt:

> »Zum Beispiel gebrauchten die chinesischen Heiler Walnüsse bei der Behandlung der Krankheiten des Gehirns aus dem Grunde, weil die Morphologie des Hirns der Erscheinungsform der Walnuss entspricht.«[41]

Schon der uralten mystischen Medizin Chinas war das Ähnlichkeitsprinzip bekannt:

> »Bereits während der letzten Jahrhunderte der Chou-Zeit erfuhr die Entsprechungsmagie in China eine sehr bedeutende konzeptionelle Erweiterung. Man erkannte, dass nicht nur jeweils ein, zwei oder jedenfalls eine beschränkte Anzahl Elemente eine Entsprechungsreihe bilden, sondern dass sich eine Vielzahl, wenn nicht die Gesamtheit aller Naturerscheinungen und abstrakten Konzepte in ein einziges Entsprechungssystem fügen lassen.«[42]

Wenn auch Paul U. Unschuld die »Ying-Yang«-Lehre, die der Akupunktur zugrunde liegt, als typisches Entsprechungssystem der chinesischen Medizinphilosphie darstellt, erkennt man auch in der Homöopathie ein ähnliches Entsprechungskonzept. Auf die Homöopathie angewandt, heißt das: Korrespondierende, homöo-

---

40 P. U. Unschuld, Medizin in China, S. 48/49, Verlag CH. Beck, München, 1980.
41 Ebd., S. 49.
42 Ebd., S. 50/51.

pathische Substanzen verhalten sich entsprechend der ähnlichen Symptome. Auch Hahnemann ist somit den Grundsätzen einer sogenannten Entsprechungsreihe gefolgt. Er hat, diesem Gesetz gehorchend, die Symptome, welche die Arzneien am Gesunden hervorriefen, den Symptomen der Kranken zugeordnet. Obwohl man nicht weiß, ob er die mystischen Regeln dieser Medizin im damaligen China aus Berichten kannte, ist doch eine bestimmte Geistesverwandtschaft nicht zu leugnen.

5.1.2 Das Similedenken im »6. und 7. Buch Mose«

Die im Mittelalter zusammengetragenen okkulten Schriften des Altertums gaben dem Aberglauben jener Zeit willkommene Nahrung. Dazu gehört auch das »6. und 7. Buch Mose«, als dessen Erscheinungsjahr 1522 und Erscheinungsort Erfurt angegeben wird. Im Untertitel dieses obskuren Werkes heißt es: »Das ist Moses magische Geisterkunst, das Geheimnis aller Geheimnisse. Wortgetreu nach einer alten Handschrift.«[43] Neben anderen okkulten Geheimlehren, Zaubersprüchen und blutrünstigen Ritualen, die erkennen lassen, aus welch finsterer Quelle es schöpft, verrät es auch geheimnisvolle, sympathetische Heilmethoden.[44]

Da hier der Ähnlichkeitsregel ebenfalls Beachtung geschenkt wird, indem der Analogiezauber mystischen Ursprungs bei der Behandlung verschiedener Krankheiten angewandt wird, muss auch auf dieses Magiebuch kurz hingewiesen werden.

Professor Otto Prokop zitiert in seinen kritischen Abhandlungen über das 6. und 7. Buch Mose: »… der einer lebenden Maus ausgerissene Zahn stillt Zahnweh; die Augen einer Kröte, hinten an den Hals gehängt, stärken die Sehkraft …; bei Impotenz die linke

43 Otto Prokop, Medizinischer Okkultismus, S. 236, 4. Auflage, Gustav Fischer Verlag, Stuttgart – New York, 1977.

44 Ebd., S. 237.

Knolle von Knabenkraut drei Monate in Pferdemist eingraben, jeden Morgen einen Schluck davon.«[45] Ähnliches soll also auch hier angeblich durch Ähnliches geheilt werden.

5.1.3 Das Similedenken in der hellenistischen Mystik

Zur Begründung der Richtigkeit des Simileprinzips wird bis heute von Homöopathen zur Rechtfertigung auf eine alte griechische Sage hingewiesen.

> »Die Sage erzählt, dass Telephos eine Schlacht gewann. Dabei wurde er aber von Achill mit dem Speer am Schenkel verwundet. Diese Wunde wollte nicht heilen. Kein Arzt konnte helfen. Zuletzt fragte der König nach alter Überlieferung das lyrische Orakel Apollons in Patna um Rat. Er erhielt die Antwort: Nur wer die Wunde schlug, kann sie auch heilen. Da begab sich Telephos ins Griechenlager, und wirklich machte Achill ihn gesund, indem er Späne seiner Lanzenspitze in die Wunde schabte.«[46]

Zur Vermittlung magischer Denk- und Handlungsweisen aus der griechisch-römischen Welt in das abendländische Mittelalter und vor allem in die ärztlichen Schriften der Renaissance hat wohl neben Dioskurides (1. Jhdt. n.Chr.) niemand mehr beigetragen als Cajus Plinius Secundus (ca. 23-79 n.Chr.), und zwar durch seine »Historia Naturalis«.[47]

Danach hilft das Fleisch tollwütiger Hunde gegen menschliche Tollwut (Plin. XXXI/32) – Wolfleber vertreibt Leberschmerzen (Plin. XXVI/55) oder Knabenkraut hat eine hodenähnliche Doppelknolle, die größere fördert, die kleinere hemmt die Potenz (Plin.

45 Ebd., S. 240.
46 H. Krollmann, Die andere Medizin, S. 134, emu Verlag, Lahnstein, 1988.
47 Prof. K. E. Rotschuh, Konzepte der Medizin, S. 134, Hippokrates Verlag, Stuttgart, 1978.

XXVI/61).[48] Wir stellen fest, dass »Plinius fast sämtliche Spielarten der Simile-Magie, z. B. die Therapie mit dem identischen Organ (= die Isodynamie) kennt. Er äußert auch schon den Grundgedanken der Signaturenlehre: ›Die Kräuter zur Heilung sind eine göttliche Erfindung. *Es erhellet, dass die Allmutter (Natur) nicht allein die Pflanzen erschaffen, sondern auch gezeigt und nachgewiesen hat*‹ (XXVII/l). Er ist weiter von dem geheimen Sinn der Mannigfaltigkeit in der Natur überzeugt. ›*Die Kraft, die den … Kräutern innewohnt, lehrt uns, dass die Natur nichts ohne einen gewissen verborgenen Zweck hervorbringt.*‹«[49]

Die Signaturenlehre, so wie sie Plinius zuvor beschrieben hat, zeichnet später im Mittelalter die Heilweise der Iatromagie (= von Ärzten ausgeübte magische Heilkunst) aus.

5.1.4 Die Simileregel in der Medizin des Mittelalters und der Volksmedizin

Der Astromediziner und magische Behandler Paracelsus übernahm diese Signaturenlehre in sein Heilsystem, weil es seinem mystischen Gottesbild am nächsten kam.

> »Bei Paracelsus (gest. 1541; dem wohl bekanntesten Vertreter der Medizin im Mittelalter) hat der Mikrokosmos Mensch ein fast gleichwertiges Gewicht im Gesamt der Schöpfung, ja die Schöpfung ist für ihn da, alles im Himmel und auf Erden ist auf den Menschen angelegt. Aus dem einsinnigen Abhängigkeitsverhältnis des Menschen vom Kosmos wurde bei Paracelsus eine Art Partnerschaftsverhältnis zwischen Gott, Kosmos und Mensch. Der Mensch tritt als ihr Sinn in die Mitte der Schöpfung und gewinnt eine bis dahin nicht

48 Ebd., S. 114/115.
49 Ebd., S. 133.

gleicherweise betonte Würde. Der Mensch wird eigenmächtig und wirkkräftig.«[50]

Hieraus entwickelt Paracelsus sein astrologisches Weltbild. Statt Abhängigkeit herrscht Konkordanz.[51]

> »Oben wirkt der gestirnte Himmel, unten im Menschen der gestirnte Leib. Er hat neben den entliehenen coelestischen-astralen Kräften vom Himmel seine elementischen und spirituellen Eigenkräfte.«[52]

> »Ist die große Welt (Makrokosmos) krank, so ist es auch der Mikrokosmos, er leidet in Konkordanz zum Firmament.«[53]

Es überrascht uns nicht, wenn Paracelsus identische Zusammenhänge vermutet, wie sie in der konfuzianischen Medizin gedacht wurden, in der (siehe oben) ähnliche makrokosmische Verknüpfungen erfasst werden.

> »Wenn die Vereinigung zwischen König und Königin nicht vollkommen ist, dann ist die Ordnung des Universums gestört, übertritt einer von ihnen seine Rechte, dann treten Mond- und Sonnenfinsternis auf.«[54]

Bemerkenswert, wie ähnlich sich das magische System der Ähnlichkeit in den verschiedenen Epochen der Weltgeschichte offenbart! Daher sucht Paracelsus, überzeugt von der kosmischen Ähnlichkeit, seine Heilmittel nach dem Ähnlichkeitsprinzip.

> »So hat die Pflanze Augentrost Form und Bild des Auges und führt die Arzneikraft zu den Augen. So haben Pflanzen,

---

50 Ebd., S. 139.
51 Ebd.
52 Ebd.
53 Ebd.
54 P. U. Unschuld, Medizin in China, S. 52, Verlag C. H. Beck, München, 1980.

Gestirne und Metall eine Form, und jede kommt im Körper dorthin, wo im Mikrokosmos dasselbige Bild steht.«[55]

Paracelsus setzt z. B. Disteln zur Therapie des Seitenstechens ein und Bilsenkraut, das die Signatur der Zähne trägt, zur Behandlung der Zähne.[56]

Auch in der Volksmedizin erkennt man das Phänomen des Ähnlichkeitsdenkens. Unter anderem werden dort »rote Korallen gegen Rotlauf, Adlerfedern zur Steigerung der Sehschärfe, Flusskrebs gegen Krebs«[57] eingesetzt. Und nicht nur in vergangenen Zeiten oder in vom Fortschritt nicht erreichten Gebieten hat sich der Glaube an diese Entsprechungsmagie gehalten: Wer hat noch nicht vernommen, dass rote Rüben blutbildend sein sollen?

Oberflächlich untersucht, hat das Simileprinzip inhaltlich zwar keine Übereinstimmung mit der Signaturenlehre Paracelsus' vorzuweisen. Auch scheint Hahnemann der Gedanke des Analogiezaubers oder der erwähnten Entsprechungen fremd gewesen zu sein – er lehnt sogar die Verbindung mit dem Gedankengut Paracelsus' vehement ab.[58] Er pries jedoch in gleicher Weise seinen erdachten Schöpfer für die Erkenntnis des Simile,[59] wie sein medizinischer Urahne Gott dafür dankte, dass er bei der Erschaf-

---

55 Ebd.

56 Prof. K. E. Rotschuh, Konzepte der Medizin, S. 141, Hippokrates Verlag, Stuttgart, 1978.

57 Otto Prokop, Medizinischer Okkultismus, S. 181, 4. Auflage, Gustav Fischer Verlag, Stuttgart – New York, 1977.

58 Brief an Stapf, 1830, Köthen – im Original ohne Datum – Jahreszahl 1826, laut Angabe von Haehl und Tischner. R. Tischner, Hahnemann und Goethe, in der Hippokrates-Zeitschrift, 18. Jahrgang, 1947, S. 268; und Dr. Haehl, Samuel Hahnemann – Sein Leben und Schaffen, Band 2, S. 401, Leipzig, 1922, einsehbar im Institut für Geschichte der Medizin der Robert Bosch Stiftung, Straußweg 17, 70184 Stuttgart.

59 Hahnemann – Kleine medizinische Schriften – herausgegeben von D. Ernst Stapf, Dresden und Leipzig 1829: Auszug eines Briefes an einen Arzt von hohem Rang über die höchst nötige Wiedergeburt der Heilkunde. Aus dem Allgem. Anzeiger d. D., Nr. 343, Jhrg. 1808.

fung der Pflanzen ihnen eine solche Erscheinungsform zugedacht haben sollte, die dem Bild oder den Symptomen der Krankheiten entsprach.[60]

Sicherlich sind Analogiezauber, Signaturenlehre und das Simileprinzip inhaltlich unterschiedlich zu bewerten:

- Der Analogiezauber beruht auf dem Grundsatz, Gleiches bringe Gleiches hervor (z. B. Vernichtung von Kleidungsstücken oder Haaren eines Menschen soll diesen schwächen oder töten).[61]

- Die Signaturenlehre sieht in der ähnlichen Form und Farbe von Heilpflanzen zu bestimmten Organen oder Krankheitsbildern einen magischen Zusammenhang.

- In Hahnemanns Ähnlichkeitsprinzip werden ähnliche Arzneibilder entsprechenden Krankheitssymptomen zugeordnet.

In Herkunft und nach religiösen Denkvorstellungen jedoch bleiben diese drei Ähnlichkeitsprinzipien völlig identisch, da sie alle einem magischen, kosmischen Weltbild entstammen, welches einen Gott, ein Universum und den Menschen als Mittelpunkt der universalen göttlichen Beziehungen voraussetzt. Zur Deutung und Leitung dieser Verbindung Gott, Kosmos und Geschöpf wird dabei der Grundsatz der Ähnlichkeit herangezogen. Kein philosophisch, naturwissenschaftlich oder biblisch-theologisch denkender Mensch wird wohl so schnell eine andere Theorie entdecken, die dem Gedanken der Homöopathie – Ähnliches wird mit Ähnlichem geheilt – so entspricht wie die oben ausgeführte.

---

60 Prof. K. E. Rotschuh, Konzepte der Medizin, S. 141, Hippokrates Verlag, Stuttgart, 1978.
61 Meyer-Lexikon, Stichwort Analogiezauber, Bibliographisches Institut, Mannheim – Wien – Zürich, 1984.

5.2 Zusammenfassung

Um die allgemeinen Merkmale des magischen Denkens, die auch dem Simile Hahnemanns zugrunde liegen, darzustellen, übernehmen wir die erwähnenswerte Typisierung von Rotschuh:[62]

1. Die Heilwirkung pflegt ohne sichtbare, materiell wirkende Mittelglieder, vielfach stoff- und energielos, vor sich zu gehen, gewissermaßen spirituell.

2. Wegen des quasi spirituellen Vermittlungsvorgangs bedürfen magische Heilwirkungen oft keiner direkten Einflussnahme auf das kranke Organ, sondern sie erfolgen auch ohne Bindung an räumliche Nähe oder an die übliche Zeitordnung. So werden magische Mittel oft gar nicht eingenommen, sondern aufgelegt, … (siehe Riechenlassen an homöopathischen Mitteln[63]).

3. Die Motive für die Annahme magischer Wirkungen beim Kranken kommen vielfach aus einem Weltbild, in dem Sympathien und Antipathien, Entsprechungen, Ähnlichkeiten und Analogien den Gang der Ereignisse bestimmen und nicht Ketten von Ursache und Wirkungen.

4. Viele magische Heilhandlungen müssen zu ihrer Wirksamkeit nach bestimmten Riten ausgeführt werden. So gesehen, ist für die magische Medizin der Glaube an stoff- und energielose, durch Sympathie und Analogie wirkende, zeit- und raumlose Zusammenhänge zwischen dem auffälligen Krankheitsgeschehen und dem empfohlenen Heilverfahren charakteristisch.[64]

---

62 Prof. K. E. Rotschuh, Konzepte der Medizin, S. 107, Hippokrates Verlag, Stuttgart, 1978.

63 Samuel Hahnemann, Organon der rationellen Heilkunde, S. 21, 6. Auflage, K. Haug Verlag, Heidelberg, 1981.

64 Prof. K. E. Rotschuh, Konzepte der Medizin, S. 107, Hippokrates Verlag, Stuttgart, 1978.

Zusammenfassend ist also zu sagen, dass die Vorstellung von Ähnlichkeiten in uralten metaphysischen Kosmosanschauungen wurzelt. Die fragwürdige Leistung Hahnemann war es, die erstmalige Übertragung von Arzneibildern, die er bei Versuchen an Gesunden herausgefunden hatte, auf ähnliche Symptome von Kranken anzuwenden. Hierbei entwickelte er kein neues Naturgesetz, sondern sah nur seine Vermutungen über den »göttlichen« Heilsweg der Homöopathie in der Metaphysik seiner natürlichen Religion bestätigt.

6. Die Potenzenlehre

Wenn auch durch die obigen Ausführungen die magische Herkunft der Homöopathie genügend belegt ist, muss im folgenden Abschnitt auf die verborgenen Erkenntnisse eingegangen werden, aus der die Potenzenlehre entwickelt wurde; denn besonders dieser Grundsatz in der Hahnemannschen Heilkunst wird heute von Wissenschaftlern kritisch hinterfragt.

6.1 Die magisch-kosmischen Hintergründe der Potenzenlehre

Es scheint, dass heutzutage die Anerkennung dieses Heilverfahrens nur mit der Begründbarkeit der Wirkung potenzierter Mittel steht oder fällt. Anscheinend setzt man voraus, dass die Simileregel wissenschaftstheoretisch überall gleichermaßen akzeptiert sei und es nur noch gelte, die Potenzenlehre begreifbar zu machen. Dabei lässt, wie oben festgestellt, schon allein das Similegesetz in der Homöopathie keine naturwissenschaftliche oder natürliche Erklärung zu.

Trotzdem soll nun die Lehre der Potenzierung ebenso auf ihren historischen Hintergrund hin untersucht werden, um zu erkennen, dass auch hier keine naturgemäßen, sondern philosophische Phänomene enthalten sind, die Hahnemann verleitet haben, diese »geistartigen« Kräfte in sein homöopathisches System einzubauen. Wie schon weiter vorne geschehen, möchte ich noch einmal Hahnemann zitieren, wie er sich zum Grundsatz und zur Notwendigkeit des Potenzierens im »Organon der Heilkunst« äußert:

> »Die homöopathische Heilkunst entwickelt zu ihrem besonderen Zweck die inneren, geistartigen Arzneikräfte der

rohen Substanz mittels einer ihr eigentümlichen, bis zu meiner Zeit unversuchten Behandlung zu einem früher unerwarteten Grad. Dadurch werden sie erst recht ›durchdringend‹ wirksam und hilfreich, selbst diejenigen unter ihnen, welche im rohen Zustand nicht die geringste Arzneikraft im menschlichen Körper äußern.

Diese merkwürdige Veränderung in den Eigenschaften der Naturkörper durch mechanische Einwirkung auf ihre kleinsten Teile – durch Reiben und Schütteln –, während sie durch Dazwischentreten einer indifferenten Substanz trockener oder flüssiger Art voneinander getrennt sind, entwickeln die latenten, vorher unmerklich wie schlafend in ihnen verborgen gewesenen dynamischen Kräfte, welche vorzugsweise auf die Lebenskraft und auf das vegetative System Einfluss haben. Man nennt deshalb diese Bearbeitung derselben Dynamisieren oder Potenzieren (Entwickeln der Arzneikraft) und die Produkte davon Dynamisation oder Potenzen in verschiedenen Graden.

Man hört noch täglich die homöopathischen Arzneipotenzen bloß Verdünnungen nennen. Sie sind aber das Gegenteil derselben, nämlich wahre Aufschließung der Naturstoffe und Zutageförderung der in ihrem Inneren verborgen gelegenen, spezifischen Arzneikräfte, durch Reiben und Schütteln bewirkt, wobei ein zu Hilfe genommenes, unarzneiliches Verdünnungsmedium bloß als Nebending hinzutritt.«[65]

H. Fritsche schreibt hierzu Folgendes:

»Im Jahre 1827 findet er auch den passenden Ausdruck für diese Operationen: Nicht mehr von Verdünnen spricht er, denn das bezieht sich bloß auf physikalische Stoff-

65 Samuel Hahnemann, Organon der rationellen Heilkunde, S. 157, 6. Auflage, K. Haug Verlag, Heidelberg, 1981.

verringerung des chemischen Anteils der Arznei, sondern von Potenzieren. Durch sein Verschütteln wird etwas Dynamisches frei: *Virtus*, die Tugend des Stoffes. Man muss an das Wort von Shakespeare denken: *Den Leib vermindere, mehre deine Gnade.* Das Leibliche der Arznei wird vermindert, das Gnadenhafte, Heilende gemehrt. Das Heilende wächst, das Irdisch-Stoffliche schwindet. In Hahnemanns C 30 ist nur noch Gnade, nur noch das Heilende der Arznei vorhanden, *der Leib*, das Physikalisch-Chemische, ist ganz und gar verschwunden. Hahnemann hat für diese seine Gewissheit kein anderes Argument als den Heilerfolg dieser seiner hochpotenzierten Arzneien.«[66]

Wie Hahnemann behauptet, entstehen Krankheiten durch eine geistartige Verstimmung der Lebenskraft, und aus diesem Grunde sieht er sich gezwungen, eine ebenfalls geistartige Kraft hinzuzufügen. Bei seinen potenzierten Similearzneien setzte er diese geistartigen Ausstrahlungen voraus. Nach Meinung des homöopathischen Arztes Dr. A. v. Gebhardt gründet diese Annahme auf mittelalterlichem Gedankengut:

> »Schon Paracelsus hielt den Arzneikörper nur für die äußere Hülle, worin das Arkanum immateriell enthalten ist. Nicht der Stoff, sondern die an ihn gebundene lebendige Tätigkeit ist das in ihm wirkende Arkanum – gleichsam die Seele des Arzneikörpers. Er sagt: Was wir sehen, ist nicht die Arznei, sondern der Corpus, darin sie liegt; denn die Arkana der Elemente sind unsichtbar und des Menschen auch: Das da sichtbar ist, ist das Äußere, das nicht dazugehört. Arkana sind die Tugend und Kraft; Arkanum ist das, was unkörperlich und untödlich ist.«[67]

66 H. Fritsche, Hahnemann – Die Idee der Homöopathie, S. 235/236, Suhrkamp, Berlin, 1944.

67 A. von Gebhardt, Handbuch der Homöopathie, S. 26, Schwabe Verlag, Leipzig, 1921.

Deutlich fällt die Verwandtschaft der Gedanken auf, die Hahnemann auch hier mit Paracelsus verbindet. Dabei darf jedoch nicht unerwähnt bleiben, dass Hahnemannschem Denken nicht die klassische Mystik des Mittelalters zugrunde liegt. Er folgt sozusagen einem aufgeklärten Mystizismus, der zwar nicht mehr die Verbindung mit den Sternen oder die Kraft unheimlicher Mächte kennt, aber das Vorhandensein verborgener, unsichtbarer und dynamischer Potenzen nicht verleugnet, sondern, im Gegenteil, erneut festschreibt. Das umfassende Wissen Hahnemanns über die Philosophien der Vergangenheit, die er als die höchsten aller Wissenschaften rühmte[68], führte sicher dazu, die gedachten Kräfte im aufgeklärten Sinn für seine »Heilsphilosophie« vorauszusetzen.

Daneben entspricht die metaphysische Schau über die immaterielle Wirksamkeit homöopathischer Potenzen den Betrachtungen, die der Konfuzianismus und später der Taoismus im Zusammenhang mit unsichtbaren Kraftwirkungen angestellt haben. Diese alten Lehren aus China prägten den Begriff »ch'i«. Sie entwickelten ein weit umfassendes Konzept einer Beeinflussung des menschlichen und des tierischen Organismus, durch äußere Einwirkungen geschaffen, das zugleich die Möglichkeit eröffnete, auch die Aufnahme und die Verwertung dieser Einflüsse zu erklären.[69]

Verstehen und interpretieren wir diese Bezeichnung richtig, so wirkt »ch'i« im nicht sichtbaren Bereich auf eine Weise, bei der Ausstrahlungen und Einflüsse (ch'i)[70] die Naturphänomene regeln sollen. Der Bedeutung dieses Begriffes kann man weniger den Geist des griechischen Pneuma zuordnen als mehr die Vorstellungen von Kraft und Wind, aus denen das ch'i wörtlich hergeleitet wird.[71]

68 H. Fritsche, Hahnemann – Die Idee der Homöopathie, S. 273, Suhrkamp, Berlin, 1944.
69 P. U. Unschuld, Medizin in China, S. 61, Verlag CH. Beck, München, 1980.
70 Ebd.
71 Ebd.

Ausgehend von ähnlichen Deutungen hat Hahnemann sein Konzept der Potenzierung zu verwirklichen versucht, obwohl nicht bekannt ist, ob er schon in der Zeit der Entwicklungsgeschichte seiner Lehre (um 1800) die Weisheiten des Konfuzius und die über das Tao kannte.[72] Auf jeden Fall wird unwidersprochen eine Geistesverwandtschaft zu den metaphysischen Sichtweisen der alten Philosophen Chinas deutlich.

Das Tao schlechthin ist etwas Übersinnliches:

> »Du schaust nach ihm und siehst es nicht, Du horchst nach ihm und hörst es nicht, Du greifst nach ihm und fasst es nicht.«[73]

Setzt man an Stelle des Tao das potenzierte Simile Hahnemanns, so verliert dieser 14. Spruch aus dem Tao Te King seine merkwürdige Sinnhaftigkeit nicht. Somit kann man sagen, dass die homöopathische Philosophie teilweise Inhalte aus der chinesischen Mystik des Konfuzius und des Tao entliehen hat. Die Chinesen jener Epoche nahmen an, dass kosmische, geistartige Kräfte das Universum und den pflanzlichen, mineralischen und tierischen Kosmos beseelten.

Ein Homöopath aus jüngster Zeit, der Arzt Dr. E. Rehm, stellt hierzu unmissverständlich fest:

> »Das chemisch-materielle Mittel wirkt auf den chemisch-materiellen Teil des Menschen, auf seinen Körper. Das nicht-chemische, nicht-mehr materielle Mittel (und jedes homöo-

72 Brief an Stapf, 1830, Köthen – im Original ohne Datum – Jahreszahl 1826, laut Angabe von Haehl und Tischner. R. Tischner, Hahnemann und Goethe, in der Hippokrates-Zeitschrift, 18. Jahrgang, 1947, S. 268; und Dr. Haehl, Samuel Hahnemann – Sein Leben und Schaffen, Band 2, S. 401, Leipzig, 1922, einsehbar im Institut für Geschichte der Medizin der Robert Bosch Stiftung, Straußweg 17, 70184 Stuttgart.

73 W. Schilling, Einst Konfuzius – Heute Mao Tse-Tung, S. 66, Otto Wilhelm Barth Verlag, Weilheim, Oberbayern, 1971.

pathische Mittel ist etwa ab D 6 praktisch ohne Materie, ist also nur noch Kraft) wirkt auf den nicht-materiellen Teil des Menschen, auf seine Seele, auf seine den Körper leitenden Kräfte und auf die diese Kräfte leitenden vegetativen Nerven. Solange die Hochschulwissenschaft sich mit der Erforschung der Materie allein befasst, kann die Homöopathie nicht wissenschaftlich untermauert werden. Es wird aber nicht mehr lange dauern, bis hier ein grundlegender Wandel eintritt.«[74]

Sah dieser Alternativheiler schon voraus, dass sich unsere Gesellschaft mehr und mehr einer esoterischen Vorstellungswelt öffnen würde und auf diese Weise die Wirkung der Potenzen geistig nachvollziehen könnte? Jedenfalls bestätigt heute dieser Homöopath wahrheitsgemäß die Meinung, dass nur eine auf metaphysische Inhalte bezogene philosophische Untersuchung tatsächlich die Bedeutung der Potenzenlehre erkennt.

6.2 Die Potenzenlehre und die Idee der Freimaurerei

Da Hahnemann seit seinem 22. Lebensjahr Freimaurer war,[75] hat sicherlich auch die Metaphysik der Logen in seinem Lebenswerk einen entscheidenden Einfluss hinterlassen. Wenn auch der hintergründige Geist der Freimaurerei bis heute ein gut gehütetes Geheimnis geblieben ist und Hahnemann selbst kaum über die Erfahrungen aus dem Logenleben berichtet hat, so können doch aus dem wenigen, was überliefert worden ist, bestimmte Schlüsse gezogen werden.

74 E. Rehm, Fibel der Homöopathie, S. 9, 5. Auflage, Staufen-Pharma, Göppingen, 1973.

75 R. Haehl, Samuel Hahnemann – Sein Leben und Schaffen, Band 1, S. 22, Schwabe Verlag, Leipzig, 1922.

Gerade die Potenzenlehre, wie Freimaurer eigens vermuten, leitet ihren Ursprung möglicherweise aus dem Ritus der Freimaurerei ab. Hahnemann berichtet in einem Brief an einen Freund begeistert von »wichtigen maurerischen Eröffnungen«,[76] die er gemacht habe. Er schreibt wörtlich aus Leipzig:

> *»Dr. Samuel Hahnemann sehnt sich, dem Herrn Dr. Krause seine tiefe Ehrerbietung zu erweisen und ihm wichtige maurerische Eröffnungen zu machen.«*[77] (Hervorhebung durch mich)

In homöopathischen Kreisen wird heute diskutiert, ob diese »maurerischen Entdeckungen« möglicherweise die Idee für die Potenzierungsschritte geliefert haben, zumal Hahnemann in seiner Leipziger Zeit davon abging, niedrige Verdünnungen bei seinen homöopathischen Behandlungen einzusetzen. Auch vermied er es von diesem Zeitpunkt an, von Verdünnungen der materiellen Arzneien zu sprechen, sondern hob besonders die dynamische Kraftentfaltung der Schüttel- und Reibevorgänge im Potenzieren hervor, um geistartige Kräfte zu mobilisieren. Der Hahnemanninterpret H. Fritsche merkt in diesem Zusammenhang an:

> »Dieser Standpunkt prägt sich deutlich aus in den verschiedenen Entwicklungsstufen der Homöopathie: im Begriff der Dynamisation, im Potenzieren (der Kraftsteigerung des Arzneimittels), im Riechenlassen an der Arznei, in den langen Pausen zwischen den einzelnen kleinen Gaben. Das rein Materielle wich immer mehr zurück, und das rein Geistige, das Dynamische, wurde mehr und mehr in den Vordergrund gerückt.«[78]

---

76 R. Tischner, Geschichte der Homöopathie II, S. 120, Schwabe Verlag, Leipzig, 1932-39.

77 Ebd.

78 H. Fritsche, Hahnemann – Die Idee der Homöopathie, S. 274, Suhrkamp, Berlin, 1944.

Die Beeinflussung dieser Entwicklung offenbart höchstwahrscheinlich die rege freimaurerische Tätigkeit in der Loge »Minerva zu den drei Palmen«[79], die natürlich zwangsläufig sein geistiges Schaffen angeregt hatte. Diese Annahme bestätigt der oben erwähnte Brief Hahnemanns über seine geheimnisvollen Entdeckungen. Welche geistigen Riten Hahnemann vermutlich inspiriert haben, entnehmen wir den Abhandlungen des Freimaurers Karl Hoede:

> »Mit den vermeintlichen *Parallelen* von Hahnemanns Werk zur Freimaurerei hat Br. Struck sich allen Ernstes auseinandergesetzt. Da wird der erste, zweite und dritte Grad der *Kohobation* (eine umständliche Art der Destillation bei der Herstellung homöopathischer Heilmittel) verglichen mit ähnlichen *Gärungsprozessen* im ersten, zweiten und dritten Grad der Johannisfreimaurerei.«[80]

So können wir abschließend zu diesem Thema sagen, dass maurerisches Gedankengut sicher auch Eingang in die »Heilkunst« der Homöopathie gefunden hat. In welchem Ausmaß die Lehre hiervon geprägt wurde, wird nie richtig geklärt werden können, da nur dürftige Informationen aus den Tempeln der Freimaurer an die Öffentlichkeit dringen.

6.3 Die Potenzenlehre und der Mesmerismus

Zur Zeit Hahnemanns begeisterte der Mesmerismus die Gelehrten zunehmend, und es stellt sich die Frage, ob nicht auch diese umstrittenen Auffassungen und Interpretationen von übersinnlichen Kräften die geistige Entwicklung der Potenzierungsprozesse gefördert haben.

---

79 R. Tischner, Geschichte der Homöopathie II, S. 120, Schwabe Verlag, Leipzig, 1932-39.

80 R. Haehl, Samuel Hahnemann – Sein Leben und Schaffen, Band 1, S. 22, Schwabe Verlag, Leipzig, 1922.

Im Zusammenhang mit dem Mesmerismus – auf den im Folgenden noch näher eingegangen werden muss – stellt R. Tischner die Frage:

> »Lassen sich nun bei dieser Verwendung des Begriffes der Dynamischen Beeinflussungen durch andere vermuten oder nachweisen, oder hat Hahnemann diese Anschauungen ganz aus sich heraus gesponnen? Der Begriff des Dynamischen ist alt, doch erhielt er in der Heilkunde gerade in dieser Zeit eine starke Anregung durch den tierischen Magnetismus, der von Mesmer und seinen Anhängern als feinstoffliches *Fluidum* aufgefasst wurde, das vom Magnetiseur auf den Magnetisierten übergeht. Der tierische Magnetismus erregte damals – die erste Mitteilung entstammte dem Jahre 1775 – das größte Aufsehen. Schien doch hier eine neue Naturkraft vorzuliegen, die, von einem Menschen auf den anderen übergehend, eigenartige Vorgänge körperlicher und geistiger Art hervorrief, ohne dass etwas Materielles, Chemisch-Physikalisches nachweisbar gewesen wäre. Infolgedessen musste der Mesmerismus die Ausbildung dynamischer Anschauungen begünstigen.«[81]

Bevor ich auf die bewiesenen Verbindungen Hahnemanns mit dem Mesmerismus eingehe, kann abschließend die Potenzenlehre mit Bestimmtheit im Sinne ihres Schöpfers nur philosophisch verstanden und eingeordnet werden. Die Idee der Dynamisation oder Potenzierung entspricht ebenso wie das Simileprinzip mehr dem metaphysischen Denken Hahnemanns als seinem rationalen und empirischen Forschen. Er hat während seines gesamten Forscherlebens gewissermaßen unter dem Zwang gestanden, die Ergebnisse seiner Heilerfahrungen dieser metaphysischen Schau anzupassen. So erklärt sich auch die Äußerung Hahnemanns, »Klockenbrink (ein berühmter Patient, siehe Kurz-

81 R. Tischner, Geschichte der Homöopathie II, S. 175, Schwabe Verlag, Leipzig, 1932-39.

biografie Hahnemanns) lausche ihm sein metaphysisches Schulsystem ab«.[82]

Und Hahnemann weiter:

> »Die Philosophie bleibt das Höchste, wonach zu streben dem menschlichen Geist eingeimpft ist. Die Philosophie ist nicht nur die höchste aller Wissenschaften, sondern auch die Basis, das Element aller anderen. Ohne Philosophie kann keine Wissenschaft bestehen, sondern sie sinkt zum Handwerk oder wenigstens zur Hilfsdisziplin herab; vor allem aber die Medizin.«[83]

Damit gibt Hahnemann deutlich zu erkennen, welch hohe Bedeutung er der Philosophie beimaß. Da der Zugang zum Verständnis der homöopathischen Potenzierungen nur auf diesem geistig-philosophischen Wege gelingt, wird die rein naturwissenschaftliche Untersuchung immer zum Scheitern verurteilt sein. Heute streiten sich die Wissenschaftler zwar noch um die Beweisführung der Wirksamkeit von hohen Potenzen, d. h., sie wollen ergründen, ob die unermesslich verdünnten Arzneitinkturen überhaupt in der Lage sind, wirksame Veränderungen im menschlichen Körper zu verursachen, um Heilungen vom Kranksein herbeizuführen. Trotz intensiver Forschung aber seit Einführung der Homöopathie ist bisher durch kein noch so feines physikalisches oder chemisch-biologisches Verfahren die wissenschaftliche Anerkennung der Potenzenwirksamkeit erreicht worden. Selbst die Atomphysik, die zur Erkenntnis dieses Verfahrens bemüht wurde, hat nichts zur Erklärung beitragen können.

Also fallt es nicht nur dem Laien schwer, sondern auch den mit Spezialwissen ausgerüsteten Wissenschaftlern, sich vorzustellen,

82 H. Fritsche, Hahnemann – Die Idee der Homöopathie, S. 83, Suhrkamp, Berlin, 1944.
83 Ebd., S. 273.

wie Naturstoffe in einer Potenzierung von z. B. D 23 noch eine messbare Wirkung haben können; denn ab einer Verdünnung von $1:10^{22}$ befindet sich kein Molekül der ursprünglichen Substanz mehr in der Lösung, sodass man nur noch von der materiellen Wirksamkeit der Verdünnungslösung, wie z. B. Alkohol, ausgehen könnte. Hahnemann und die »Hochpotenzler« in unserer Zeit bekennen sich jedoch zu Potenzierungen wie C 200 ($= 1:100^{200}$) und mehr. Allein also von dem angenommenen »Geist« solch einer Arznei könnte hier noch Heilung erwartet werden?!

7. Hahnemann und der Mesmerismus

Das kosmische Weltbild Hahnemanns stand in enger Nachbarschaft zu Anton Mesmers Lehre vom sogenannten tierischen oder animalischen Magnetismus. Wegen der ähnlichen Vorstellungen von immateriellen Kräften ist es bedeutsam und von großem Interesse, seine Vorliebe zu Mesmers Lehre hervorzuheben. Zum einem zeigen sich besondere Parallelen zu Mesmers Metaphysik, zum anderen fällt auf, dass der animalische Magnetismus so ziemlich als einziges Heilverfahren von Hahnemann neben der Homöopathie akzeptiert wurde.

> »Hahnemann war 1777 gerade in Wien, als dort der Streit wegen des von Mesmer behandelten Fräuleins Paradies tobte, der größtes Aufsehen erregte. Hahnemann hat damals den tierischen Magnetismus zweifellos kennengelernt und ihn seitdem nicht aus den Augen verloren.«[84]

Welche Persönlichkeit verbarg sich hinter Mesmer, und welche Lehre hat die abendländische Welt zu Beginn der Aufklärung dermaßen erschüttert?

Franz Anton Mesmer wurde 1734 in Iznang geboren. Er besuchte eine Klosterschule. In Dillingen begann er am dortigen Kolleg ein Theologiestudium, unterbrach dieses jedoch, um in Wien für ein Jahr Rechtswissenschaften zu studieren. Hierauf wechselte Mesmer zum Studium der Medizin über, das er 1766 mit einer Dissertation über den Einfluss der Sterne abschloss. Sein Name ist untrennbar mit dem tierischen oder animalischen Magnetismus verbunden, weshalb diese Lehre auch Mesmerismus genannt wird. Zum Ende des 18. Jahrhunderts, in dem die Wis-

84 R. Tischner, Geschichte der Homöopathie II, S. 175, Schwabe Verlag, Leipzig, 1932-39.

senschaft die Wirkung des Magnetismus und der Elektrizität physikalisch näher untersucht hatte, versahen einige Zeitgenossen »diese physikalischen Phänomene mit metaphysischen Implikationen«. In philosophisch-theologischen Abhandlungen begann man, jahrtausendealte Symbole, wie etwa Sonne und Licht, zu ersetzen.[85] Auch Mesmer, der intensive Verbindungen zu esoterischen und freimaurerischen Kreisen unterhielt, öffnete sich solchen metaphysischen Überlegungen. Gott, der in jener Zeit mehr und mehr seiner persönlichen Elemente beraubt wurde, wurde wie der Magnet »als strahlende Kraft aufgefasst, die alles durchdringt, belebt, formt und erhält«.[86]

Diese Entwicklung vollzog sich bei Mesmer ebenso. Angefangen hatte er mit der Theologie. Anfangs überzeugt von dem Einfluss der Sterne auf den menschlichen Körper, hatte »er bereits das göttliche Einwirken durch den astralen Einfluss ersetzt. Dann wird der Körper einem magnetisierbaren Gegenstand angeglichen und der Einfluss auf das Wirken eines Magnetfeldes reduziert.«[87] Mit dem Jesuitenpater Hell versuchte er mittels eines Magneten eine therapeutische Methode zu entwickeln. Bei diesen Behandlungsversuchen kristallisierte sich bei Mesmer eine Überzeugung heraus, »er sei auf eine neue Kraft gestoßen«.[88] Nun glaubte er nicht mehr nur an die bekannte Wirkung des Magneten, sondern »er selbst war es nun, der, vom magnetischen Fluidum geladen, Personen und Gegenstände allein durch Berührung oder sogar auf Distanz magnetisieren konnte«.[89] »Der Vorgang zwischen einander ähnlichen Körpern ist aber wesentlich ausgeprägter (Ähnlichkeitsgesetz).«[90]

Damit war der animalische Magnetismus oder Mesmerismus geboren. Mesmer vermutete, ein feinstoffliches Fluidum entdeckt zu

85 E. Pavesi, F. A. Mesmer, aus Factum 1/89, S. 13, Schwengeler Verlag, Berneck.
86 Ebd.
87 Ebd.
88 Ebd.
89 Ebd., S. 14.
90 Ebd., S. 14.

haben, welches ein Prinzip darstelle, das allen Körpern gemeinsam und in der Lage sei, jeden Gegenstand zu magnetisieren. Er sah in diesem Magnetismus ein materielles Agens oder Fluidum, das sich auch auf Wasser und andere geeignete Objekte übertragen lassen und das Weltall ebenso wie die Zellen des menschlichen Körpers durchdringen würde.[91] Dabei ließ sich Mesmer sicherlich von astrologischen Ideen leiten, wie dies aus seiner schon erwähnten Doktordissertation »De influx astrorum in corpore humano« (Über den Einfluss der Sterne auf den menschlichen Körper) hervorgeht.[92]

R. Tischner schreibt über die Bedeutung und Herkunft des Magnetismus: »Wenn auch Paracelsus schon mehrfach den Magneten als Vergleich und, wenn ich ihn recht verstehe, auch zur Erklärung magischer Wirkungen heranzieht, so ist doch Fludd (lat. de Fluctibus, 1574-1637) derjenige, der den Magnetismus zur Grundlage des größten Teils der magischen Wirkungen verwendet. Auch den Ähnlichkeitsgrundsatz, den er häufig erwähnt, erklärt er auf diese Weise und sagt, *dass das Ähnliche durch eine gewissermaßen magnetische Eigenschaft das sich Ähnliche anzieht.*«[93]

Zweifellos wird hier deutlich, welche magisch-magnetischen Zusammenhänge und welche astralen Abhängigkeiten im Mesmerismus praktische Anwendung finden. Die Entstehung und auch die Folgen der mesmerischen Therapie offenbaren eine undurchsichtige, dem gesunden Menschenverstand verborgene Wissenschaft.

Die tatsächliche Behandlung der Kranken vollzog sich folgendermaßen:

---

91 Ebd., S. 14.

92 W. Knappich, Geschichte der Astrologie, S. 300, Vittorio Klosermann, Frankfurt am Main, 1967.

93 R. Tischner, Geschichte der Homöopathie II, S. 60, Schwabe Verlag, Leipzig, 1932-39.

> »Der Magnetiseur sitzt dem Patienten gegenüber und presst dessen Knie zwischen die seinen. Mit den Händen streift er den ganzen Körper des Patienten vom Scheitel bis zur Sohle ab, um schließlich bei den kranken Körperstellen zu verharren. Handbewegungen werden *Striche* oder auf Französisch *passes* genannt. Wenn der Kranke sich in Krämpfen wand, funktionierte die Behandlung, und das gestörte Fluidum wurde wieder regelmäßig im Körper verteilt. Dann gab es auch die Gruppenbehandlung: Die Patienten setzten sich um einen runden magnetisierten Zuber (Baquet) und bildeten eine Kette, einander bei den Daumen haltend. Auch die Knie berührten sich, sodass der Kreislauf des Fluidums gewährleistet war. Eigenartige Szenen spielten sich ab: Krampfhafte Zuckungen, Bewusstseinstrübungen, weinerliches Gewinsel, Schreie, Schluchzen und Gelächter machten sich breit um den Zuber, alle wurden angesteckt, als ob ein Strom die Körper durchflossen hätte.«[94]

Diese absonderlichen Vorkommnisse zogen selbstverständlich das Interesse vieler Kranker hohen und niedrigen Standes auf sich, zumal auch von wirklichen Heilungen berichtet wurde. Anerkannte Wissenschaftler, wie z. B. Lavosier[95], konnten dieser Lehre allerdings damals keine wissenschaftlich überprüfbare Wirkung nachweisen, und auch in unserer Zeit wird der Mesmerismus nur in esoterischen Gesellschaften ernst genommen.

Hahnemann, der im Mittelpunkt unseres Interesses steht, hatte dieser umstrittenen, dunklen »Wissenschaft« seit seinen ersten Kontakten mit ihr intensive Beachtung geschenkt. Nicht nur in seiner Dissertation wird der Mesmerismus erwähnt, auch in seiner »Heilkunde der Erfahrung« nennt er ihn als ein dynamisches Heilmittel. Im Organon lesen wir über den Mesmerismus:

94 E. Pavesi, F. A. Mesmer, aus Factum 1/89, S. 14, Schwengeler Verlag, Berneck.
95 Ebd., S. 15.

»Hierzu halte ich es noch für nötig, des von der Natur aller übrigen Arzneien abweichenden, sogenannten tierischen Magnetismus Erwähnung zu tun; nach Mesmer, seinem ersten Begründer, sollte man ihn dankbarer Mesmerismus benennen.«[96]

An anderer Stelle[97] bezeichnet Hahnemann den Mesmerismus als eine große Gabe Gottes. Beides angewandt, der animalische Magnetismus, wenn er richtig erlernt sei, und die homöopathische Behandlung in Verbindung damit, sei wohl die vollkommenste Art, kranke Menschen zu behandeln.

Früher gingen die Hahnemannforscher davon aus, dass der alte, verschrobene Hahnemann nicht mehr im Vollbesitz seiner geistigen Kräfte war, als er sich mit Zustimmung den Lehren Mesmers zuwandte. Neuere Forschungen beweisen aber, dass der Arzt Hahnemann schon immer neben der Homöopathie den Magneten und den Mesmerismus als zusätzliche Behandlung eingesetzt hat.

Zum Beispiel wurde von ihm während der Therapie des Patienten Friedrich Wieck in den Jahren 1815/1816 bei 60 Verordnungen zu 18 Prozent Magnetismus und zu 33 Prozent Mesmerismus praktiziert.[98] Andere Autoren, die die Krankenjournale Hahnemanns untersuchten, können die häufige Anwendung des animalischen Magnetismus neben der homöopathischen Therapie bestätigen. Allerdings führte Hahnemann diese Behandlungen nicht selbst durch. Er verwies die Patienten an anerkannte Mesmeristen, wie z. B. an den Mesmeristen Schütz, der am Hof des Herzogs

---

96 Samuel Hahnemann, Organon der rationellen Heilkunde, S. 288, 6. Auflage, K. Haug Verlag, Heidelberg, 1981.

97 Hahnemann, Konzept aus Pariser Zeit, Original im Institut für Geschichte der Medizin der Robert Bosch Stiftung, Straußweg 17, 70184 Stuttgart.

98 Ausgewählte Krankengeschichten aus den Krankenjournalen von Samuel Hahnemann, von Thomas Geneper, Bad Neuenahr-Ahrweiler, vorgetragen vor dem »Homöopathischen Arbeitskreis« 11/1989 im Institut für Geschichte der Medizin der Robert Bosch Stiftung, Straußweg 17, 70184 Stuttgart.

Ferdinand von Köthen lebte und sich der Kranken aus der Praxis Hahnemanns annahm.

Wenn nun die hintergründigen Vorstellungen über Simileregel, Lebenskraft und Potenzenlehre bekannt sind, überrascht es nicht, dass Hahnemann der Heilkraft des animalischen Magnetismus beinahe das gleiche Vertrauen schenkte wie der selbst entwickelten homöopathischen Heilkunst. Dies bestärkt die Annahme, dass letztlich der sogenannte Geist der Homöopathie aus ähnlichem okkulten Wissen gespeist wird, wie es offensichtlich für den Mesmerismus gilt. Auch die spätere Akzeptanz durch die Vertreter der geheimen Lehre des so genannten Od (nach dem Spiritisten Baron von Reichenbach) deutet auf diese spirituellen Zusammenhänge hin. Von Reichenbach kam nämlich nach vielfachen Versuchen auf die Spur einer bisher unbekannten Kraft. Diese Agens nannte er »Od« oder odisch-magnetische Kraft. Sie soll die Erzeugungskraft all jener physiologischen Erscheinungen sein, welche man »Lebensmagnetismus«nennt.[99] Auf diese Weise erklärt der Arzt Dr. A. von Gebhardt die Wirksamkeit homöopathischer Arzneigaben.[100]

Weder Anton Mesmer noch der Baron von Reichenbach haben ihre mystischen Lehren auf naturwissenschaftlicher Basis aufgebaut. In der philosophischen Literatur werden beide als Mystiker und zum Teil sogar als Spiritisten dargestellt. Auf jeden Fall haben sie aus dunklen Quellen geschöpft und durch ihr Wirken viel geistiges Unheil angerichtet.

99 A. von Gebhardt, Handbuch der Homöopathie, S. 27, Schwabe Verlag, Leipzig, 1921.
100 Ebd., S. 25.

8. Der Umgang mit der Homöopathie

8.1 Beurteilung eines übernatürlichen Heilverfahrens

Obwohl Hahnemann seine Heilart »auf ein ewiges, untrügliches Naturgesetz«[101] gründet, sind wir nun in der Lage, zu behaupten, dass er seine »göttliche«, übernatürliche Heilkunst aus der Transzendenz der natürlichen Religion geschaffen hat. Wenn auch heute einige säkularisierte Homöopathen jede übernatürliche Herkunft leugnen, so kann man mit Bestimmtheit davon ausgehen, dass es richtig ist, dieses Heilverfahren dem Übernatürlichen zuzuordnen. Sowohl die Ähnlichkeitsregel (Simileregel) als auch die Potenzenlehre (Dynamisation) entspringen beide magisch-kosmischen Religionsvorstellungen.

Um es noch einmal deutlich zu sagen:

> Die Homöopathie ist kein Naturheilverfahren, sondern eine übernatürliche Heilkunst!

Die erwiesene Übernatürlichkeit würde an sich nicht ausreichen, dieses umstrittene Heilverfahren zu verwerfen, denn der christliche Glaube setzt ja selbst die Vorstellung von unsichtbaren Vorgängen voraus. Aber sie verlangt unbedingt nach einer ausführlichen, biblischen Beurteilung. Da meine Auseinandersetzung mit der Homöopathie in erster Linie für Christen geschrieben worden ist, kann die oben angestellte weltanschauliche Betrachtung nur sinnvoll sein, wenn sie mit den fundamentalen Wertmaßstäben des Wortes Gottes, der Heiligen Schrift, gemessen wird. Die »Glaubensfundamente« der Homöopathie müssen sich den

101 Samuel Hahnemann, Organon der rationellen Heilkunde, S. 53, 6. Auflage, K. Haug Verlag, Heidelberg, 1981.

immer gültigen Aussagen der Bibel stellen. Daraus sollte der überzeugte und gläubige Christ die Annahme oder Ablehnung dieses Heilverfahrens ableiten.

Ohne das Wissen von dem unsichtbaren, aber lebendigen Gott würde das Christentum zum Materialismus erstarren. Das Wort Gottes, das »das Nichtseiende ruft, wie wenn es da wäre«[102], wird nur gehört und begreifbar, wenn man von dem übernatürlichen Handeln Gottes überzeugt ist. Auch die Geburt des Sohnes Gottes, sein Leben auf der Erde, sein Opfer am Kreuz, seine Auferstehung, Himmelfahrt und Wiederkunft veranlasst den Gläubigen, Übernatürlichkeit vorauszusetzen. Das Wirken des Heiligen Geistes vollzieht sich ebenfalls unsichtbar in dieser Welt. »Was kein Auge gesehen und kein Ohr gehört hat und in keines Menschen Herz gekommen ist, was Gott denen bereitet hat, die ihn lieben. Uns aber hat Gott es geoffenbart durch den Geist ...«[103]

Die Offenbarungen Gottes erreichen aus der himmlischen, unsichtbaren Welt Menschen, die in der sichtbaren Welt leben. Wie jeder nüchterne Christ weiß, sind jedoch nicht alle Offenbarungen, welche einen metaphysischen Ursprung haben, Botschaften Gottes. Um unterscheiden zu können, ob Erkenntnisse, die auf natürliche Weise nicht zu ergründen sind, von Gott kommen oder nicht, müssen die unverfälschten Aussagen der Bibel herangezogen werden. Nur anhand der biblischen Zusammenhänge können wir endgültige Schlüsse ziehen.

Wie oben schon angedeutet, glaubte auch Hahnemann an einen Gott, der als allmächtiges Wesen den Kosmos geschaffen hatte und sich durch die Natur weiterhin offenbart. In seinem Lob über den Gott, der ihn in die Geheimnisse der Homöopathie eingeführt habe, verrät er, auf welch väterliche Weise sich sein Gott um die

102 Römer 4,17.
103 1. Korinther 2,9.

Leiden der Menschen sorgt[104] (Siehe auch wörtliches Zitat[35] weiter vorne). Zwar entsteht bei oberflächlicher Betrachtung der Eindruck, dass es sich um den Gott der Bibel handele, und dadurch schützt sich Hahnemann bewusst oder unbewusst vor jeder menschlichen Kritik; denn wer wird es wagen, gegen ein von Gott bestätigtes Verfahren Stellung zu beziehen? Prüft man jedoch in Kenntnis des Hahnemannschen Gottesbildes nun, ob dieses Bild mit dem der Heiligen Schrift übereinstimmt, kommt man zu dem Ergebnis, dass sich in seiner bekannten Lobrede auf Gott grundlegende Irreführungen verbergen.

Die Bibel bekennt klar und deutlich die Trinität, d. h. den dreieinen Gott – Gott Vater, Gott Sohn und Gott Heiliger Geist. Trennt man diese Einheit oder verleugnet auch nur eine Person der Gottheit, dann verlässt man die bedeutsamsten Grundlagen des Christentums. In Hahnemanns Weltanschauung lebt und wirkt weder der Sohn Gottes, Jesus Christus – den er als »Erzschwärmer« bezeichnet und ablehnt – noch der Heilige Geist. Die Homöopathie, wenn sie sich auf Gott beruft, kann daher unmöglich den Gott der Christen in Anspruch nehmen. Leider übersehen einige christliche Anhänger der Homöopathie diese Tatsache und setzen den Gott Hahnemanns mit dem Gott der Bibel auf eine Stufe.

Schon das erste Gebot: »Du sollst keine anderen Götter haben neben mir«[105] wird übertreten, wenn die homöopathische Heilslehre kritiklos angenommen wird. Neben dem lebendigen Gott der Bibel können, vom christlichen Standpunkt aus betrachtet, keine anderen Götter oder Weltanschauungen irgendeine Anerkennung erfahren, denn Gott ist ein eifersüchtiger Gott.[106] Die tragische

---

104 Brief an Stapf, 1830, Köthen – im Original ohne Datum – Jahreszahl 1826, laut Angabe von Haehl und Tischner. R. Tischner, Hahnemann und Goethe, in der Hippokrates-Zeitschrift, 18. Jahrgang, 1947, S. 268; und Dr. Haehl, Samuel Hahnemann – Sein Leben und Schaffen, Band 2, S. 401, Leipzig, 1922, einsehbar im Institut für Geschichte der Medizin der Robert Bosch Stiftung, Straußweg 17, 70184 Stuttgart.

105 2. Mose 20,3.

106 2. Mose 20,5.

Geschichte des Volkes Israel führt den Gläubigen deutlich vor Augen, welche zeitlichen und ewigen Folgen der Ungehorsam gegenüber diesem Gebot Gottes nach sich ziehen kann.

Nun könnte an dieser Stelle entgegengehalten werden, dass die Übertragung von Hahnemanns Glauben auf sein Heilverfahren unzulässig sei. Aber gerade Hahnemann war es, der den göttlichen Ursprung seiner Lehre – auf dem auch heute noch viele Homöopathen bestehen – betonte und seinen Gegnern den Vorwurf machte, dass sie vom göttlichen Heilsweg abgewichen seien. Da die Glaubensfundamente Hahnemanns einerseits und die des christlichen Glaubens andererseits so erheblich differieren, ist es nicht erstaunlich, auch in der homöopathischen Lehre übernatürliche Zusammenhänge zu entdecken, die mit den Aussagen der Bibel keinesfalls konform gehen.

Nicht nur wird eine Veränderung des christlichen Glaubens vollzogen, sondern der »Geist der Homöopathie« gründet auf Annahmen, vor denen wiederholt gewarnt wird. Gerade dort, wo nur der Anschein von magischen Zusammenhängen vermutet wird, predigt die Bibel kompromisslose Ablehnung. Die metaphysische Betrachtungsweise, die von übernatürlichen Beziehungen in der Natur ausgeht, widerspricht der Weise, wie Gott die Erde geschaffen hat und wie Er das Geschaffene erhält. Gottes unmittelbares Wort hat das vorher nicht Vorhandene zum Leben gebracht und sorgt auch fortwährend durch die Macht Seines Wortes für den gesetzmäßigen Ablauf in der Natur. Keine magischen oder kosmischen Kräfte bestimmen gottgewollt die Prozesse innerhalb der Schöpfung. Jedoch schließt dies nicht den Einfluss verborgener Mächte aus, die dem Willen Gottes entgegenstehen, da der Urheber der Sünde, der Satan, ebenfalls bemüht ist, unsichtbar auf seine Weise wirkungsvoll einzugreifen. Hierbei bedient er sich sowohl magischer Mächte oder Gewalten und »Weltbeherrscher dieser Finsternis« als auch der »Geister der Bosheit in der Himmelswelt« (nach Epheser 6,12).

An keiner Stelle in Gottes Wort finden wir einen Hinweis, von dem abgeleitet werden kann, dass Gott magische Gesetze benutzt, um zu handeln. Gott wirkt als Schöpfer ausnahmslos direkt und ist keinem Gesetz, das Sein göttliches Handeln einschränkt, unterworfen. Das bedeutet, dass alle übernatürlichen Erscheinungsformen oder Phänomene innerhalb der sichtbaren Schöpfung, die im Verborgenen ablaufen sollen, wie zum Beispiel auch die Potenzenlehre, ihren Ursprung nicht in den Offenbarungen Gottes finden. Gott sprach: »Es werde Licht! Und es wurde Licht« (1. Mose 1,3). Metaphysische Vorstellungen laufen jedoch meist nach dem Schema ab, dass der Mensch versucht, sich Gott und Sein Handeln in zwar verborgenen, aber menschlich verständlichen Gedankenmustern vorzustellen.

Unter anderem ist auch an den Warnungen, die jedes übernatürliche Ritual als Gräuel darstellen, zu erkennen, dass metaphysische Regeln nicht von Gott inspiriert sind. Bereits im Alten Testament wird das Volk Gottes deutlich darauf hingewiesen:

> »Wenn du in das Land kommst, das der HERR, dein Gott, dir gibt, dann sollst du nicht lernen, es den Gräueln dieser Nationen gleichzutun. Es soll unter dir niemand gefunden werden, der seinen Sohn oder seine Tochter durchs Feuer gehen lässt, keiner, der Wahrsagerei treibt, kein Zauberer oder Beschwörer oder Magier oder Bannsprecher oder Totenbeschwörer oder Wahrsager oder der die Toten befragt. Denn ein Gräuel für den HERRN ist jeder, der diese Dinge tut. Und um dieser Gräuel willen treibt der HERR, dein Gott, sie vor dir aus. Du sollst dich ungeteilt an den HERRN, deinen Gott, halten. Denn diese Nationen, die du austreiben wirst, hören auf Zauberer und auf Wahrsager. Du aber – so etwas hat der HERR, dein Gott, dir nicht gestattet.«[107]

107 5. Mose 18,9-14.

Das Beschäftigen mit übernatürlichen Vorgängen wie Magie oder Wahrsagerei scheidet den Gläubigen von Gott. Ähnlichkeitsmagie, das Wirken geistartiger Kräfte im und am Menschen, trennt von Gott, denn dieses Phänomen hat ihren Ursprung nicht in Gottes Schöpfung.

Der Betrug, den der Verführer der Menschheit, der Teufel, begeht, ist im Zusammenhang mit der Homöopathie ein zweifacher: Erstens wird behauptet, dass diese Lehre ein Naturheilverfahren sein soll! Diese Behauptung wurde schon behandelt und als Lüge erkannt, denn mithilfe der Schöpfung, d. h. mit den allgemeingültigen Naturgesetzen, kann dieses Verfahren nicht erklärt werden. Zweitens führt die Aussage, Similemagie und geistartige Kraftwirkungen ließen sich mit dem christlichen Glauben vereinbaren, bewusst in die Irre. Dunkle Wissenschaften, auch wenn sie mit »göttlichem« Licht vermischt werden, finden deswegen keineswegs die Anerkennung Gottes.

Weder in der Zeit vor dem mosaischen Gesetz noch im Gesetz selbst und in den anderen Texten des Alten Testaments sind auch nur Andeutungen gemacht worden, die die Praktiken der Heilkunst Hahnemanns rechtfertigen könnten. Das Beispiel der ehernen Schlange, das gerne hinsichtlich der Bestätigung des Ähnlichkeitsprinzips herangezogen wird, hat im großen Rahmen des Wortes Gottes eine völlig andere Bedeutung. Die eherne Schlange wurde aufgerichtet, damit die von den giftigen Schlangen Gebissenen vor der Strafe Gottes, dem Tod, bewahrt wurden, wenn sie diese im Glauben anblickten.[108] Die Bedeutung für uns heute ist, dass die Schlangen ein Bild der Sünde sind und die Konsequenz der Sünde der Tod ist. Die Berührung mit dem Gift der Schlangen bzw. der Sünde hat immer den Tod des Sünders zur Folge, falls er sich nicht augenblicklich zur erhöhten Schlange hinwendet, die ein Bild des am Kreuz erhöhten, zur Sünde gemachten Sohnes Gottes ist, der alle seine Sünden auf

108 4. Mose 21,4-9.

sich nahm. Der Herr Jesus selbst gibt diese Auslegung im Johannesevangelium.[109]

Trotzdem missbrauchen christliche Heilpraktiker diese Schriftstelle, um ihre Thesen »biblisch« zu untermauern.[110] Doch allein der Versuch, so der Ähnlichkeitsregel mit ihrem mystischen Hintergrund einen christlichen Anstrich zu geben, kommt einer unerlaubten Verdrehung der christlichen Heilsbotschaft gleich und ist somit strikt abzulehnen.

8.2 »Geistlich« oder »geistartig«?

> »Geliebte, glaubt nicht jedem Geist, sondern prüft die Geister, ob sie aus Gott sind; denn viele falsche Propheten sind in die Welt ausgegangen.«[111]

Wendet man sich unter Beachtung dieser Warnung der Bewertung der geistartigen Kräfte zu, die bei diesem metaphysischen Heilverfahren auftreten sollen, so stellt sich die Frage: Kennt das Wort Gottes derartige dynamische Wirkungen? Die geistartige Lebenskraft und auch die entsprechenden Arzneikräfte im jeweiligen Potenzierungsgrad werden natürlich nirgendwo in der Bibel ausdrücklich erwähnt, sonst hätte die Homöopathie ein nicht zu leugnendes Alibi bzw. eine sichere Rechtfertigung ihrer mystischen Lehre. Aber es ist ja auch nicht zu prüfen, ob die Lehre der Homöopathie »expressis verbis« in der Heiligen Schrift zu finden ist, denn zu vielen anderen Lehren sagt die Bibel ebenso nichts, ohne dass sie deswegen zu verwerfen sind. Nein, was wir prüfen müssen, ist, ob die Lehre der Homöopathie im Widerspruch zu den grundsätzlichen Aussagen des Wortes Gottes steht.

---

109 Johannes 3,14.
110 H. Krollmann, Die andere Medizin, emu Verlag, Lahnstein, 1988.
111 1. Johannes 4,1.

Wenn Gott auf übernatürliche Weise das Leben des Menschen beeinflusst, bedient Er sich Seiner unmittelbaren geistlichen Macht. Andere Mächte, welchen Namen sie auch tragen, wirken außerhalb und somit in Opposition zu Gottes Geist. Eine zu tolerierende geistartige Dynamis, eine geduldete Übernatürlichkeit zwischen Gut und Böse oder Licht und Finsternis, wie sie die Homöopathie für ihre Kraftentfaltung voraussetzt, existiert nicht. Somit ist der Begriff »geistartig« geradezu die Antithese zum biblischen Begriff »geistlich«. Geistartige Wirkungen sind also auf keinen Fall mit geistlichen gleichzusetzen. Die Ähnlichkeit der Begriffe darf nicht darüber hinwegtäuschen, dass sie gegensätzlichen Ursprungs sind.

Im ersten Korintherbrief beschreibt der Apostel Paulus, auf welche Weise geistlich beurteilt wird:

> »Wir aber haben nicht den Geist der Welt empfangen, sondern den Geist, der aus Gott ist, damit wir die Dinge kennen, die uns von Gott geschenkt sind. Davon reden wir auch, nicht in Worten, gelehrt durch menschliche Weisheit, sondern in Worten, gelehrt durch den Geist, indem wir Geistliches durch Geistliches deuten. Ein natürlicher Mensch aber nimmt nicht an, was des Geistes Gottes ist, denn es ist ihm eine Torheit, und er kann es nicht erkennen, weil es geistlich beurteilt wird.«[112]

Da nun der »Geist« der Homöopathie nicht mit dem Geist Gottes zu vereinbaren ist, lässt er auch keine geistliche Deutung zu, die eine unvoreingenommene Annahme gestatten würde. Noch eindeutiger wendet sich der Apostel gegen fremde Heilswege, wenn er schreibt:

> »Seht zu, dass niemand euch einfange durch die Philosophie und leeren Betrug nach der Überlieferung der Men-

112 1. Korinther 2,12-14.

schen, nach den Elementen der Welt und nicht Christus gemäß.«[113]

Schon diese wenigen Anmerkungen genügen, um aufzuzeigen, dass die übernatürlichen, außerhalb der Schöpfung herrschenden Gesetze der homöopathischen Heilkunst, nicht zu den »geistlichen Segnungen«[114] zählen, die Gott für die Gläubigen vorgesehen hat. Wenn auch, wie mehrmals schon gesagt, ein Anhänger des christlichen Glaubens natürlich nicht von vornherein alles ablehnt, was er nicht sieht oder nicht versteht, so ist doch in diesem Fall die Annahme der unsichtbaren Phänomene eines Heilverfahrens, welches verborgene Kräfte und magische Grundsätze bemüht, um heilsam zu sein, mit Nachdruck zu verurteilen.

8.3 Übernatürliche Nebenwirkungen

Normalerweise ist ein echtes Naturheilverfahren durch wenig oder keine Nebenwirkungen gekennzeichnet. Das ist bekannt, und mit diesem Slogan wird auch oft für die Alternativverfahren allgemein geworben. Wie wir aber nun hinreichend erfahren haben, erfüllt die Homöopathie nicht die Voraussetzungen einer rein natürlichen Behandlung. Daraus folgt, dass man mit »Nebenwirkungen« rechnen muss, die sich selbstverständlich nicht im chemisch-physikalischen Bereich des menschlichen Organismus auswirken; denn da wir es mit einem übernatürlichen Heilverfahren zu tun haben, ist nicht auszuschließen, dass folgerichtig auch »übernatürliche Nebenwirkungen« auftreten können. Eine wissenschaftliche Bewertung dieser Störungen, ob und wie sie auftreten, ist, wie bei dem Heilverfahren selbst, nicht möglich. Doch vorstellbar ist eine geistige Beeinflussung, mit der jeder konfrontiert wird, der einem solchen Verfahren bedingungsloses Vertrauen schenkt.

113 Kolosser 2,8.
114 Epheser 1,3.

Der Christ weiß, dass bereits eine geringfügige Abwendung von den Glaubensinhalten des Evangeliums die Gemeinschaft mit dem Herrn Jesus Christus empfindlich belasten kann. Trifft dies schon für sogenannte Alltagssünden zu, dann kann eine Hinwendung zu obskuren Heilverfahren erst recht das Glaubensleben behindern. Gerade der kranke und Hilfe suchende Gläubige ist jedoch in seinem Leiden auf geistliche Unterstützung angewiesen. Diese mögliche Nebenwirkung eines homöopathischen Medikaments kann den Heilungsprozess von Körper, Seele und Geist in ihrer Gesamtheit hinauszögern oder sogar verhindern.

Für einen Patienten, der den Glauben an Jesus Christus nicht besitzt, können im Blick auf das ewige Leben lebensgefährliche Folgen drohen. Es ist leider denkbar, dass bei der Behandlung durch die Homöopathie körperliche oder seelische Symptome zwar tatsächlich verschwinden, der Betroffene aber, überzeugt von dieser Heilkunst, versucht ist, den metaphysischen Hintergründen ebenfalls Glauben zu schenken. Er kann sich so in dieser Philosophie verlieren, dass er die Botschaft des Evangeliums nie mehr annimmt und ohne die ewige Erlösung bleibt. Ein gläubiger Arzt oder Behandler muss in erster Linie diese unerwünschte Wirkung fürchten, und in der heutigen Zeit, in der esoterische Lehren, welche dem Weltbild der Homöopathie sehr nahekommen, überall verbreitet und auch kritiklos angenommen werden, scheint diese Befürchtung nicht übertrieben zu sein.

Bedenkt man, dass in zahlreichen alternativen Praxen, in denen das homöopathische Heilverfahren zur Anwendung kommt, auch mit offensichtlich okkulten Wissenschaften wie Pendeln, Astrologie usw. Krankheiten diagnostiziert und behandelt werden, so nimmt nicht nur die Häufigkeit, sondern auch die Intensität der Versuchung zu, vom christlichen Glauben abzuirren. Was nützt denn körperliche Heilung, wenn der Geist ausgelöscht[115]

115 1. Thessalonicher 5,19.

oder das Leben eingebüßt wird?[116] Ein gläubiger Christ erleidet den Verlust geistlicher Kraft, und der Ungläubige versperrt sich möglicherweise den Zugang zum ewigen Leben, wenn er bedenkenlos die Wirkung okkulter Mächte zulässt, nur um vorübergehende Heilung von Krankheit zu erfahren. Überträgt der Patient willenlos die Verantwortung für Leib und Leben einem okkulten Heiler, darf er nicht überrascht sein, wenn unabsehbare Folgen drohen, die nicht mit den Folgen der Krankheiten verglichen werden können, die ihm gegenwärtig die Gesundheit geraubt haben. Das Versprechen »Heilung ohne Nebenwirkung« wird unter diesem Gesichtspunkt als gefährlicher Betrug enttarnt.

Im Gegensatz zu den klassischen Naturheilverfahren wie die Phytotherapie (Pflanzenheilkunde) oder die physikalischen Behandlungen erfahren sowohl die Heilmittel der Schulmedizin als auch die der Alternativmethoden in irgendeiner Form eine Veränderung ihrer üblichen Wirkungsweise, was folglich auch unerwünschte Wirkungen nach sich ziehen kann. Diese Nachteile sind in der naturwissenschaftlichen Medizin mehr oder weniger kontrollierbar, d. h. messbar. Innerhalb der Homöopathie dagegen kann man nicht ohne Weiteres erkennen, wie sich die metaphysische Anwendung der einfachen Naturstoffe auf den Menschen in seiner Gesamtheit – Körper, Seele und Geist – auswirkt.

Vergleichsweise sind somit die gesicherten, unerwünschten Behandlungsfolgen der naturwissenschaftlichen Medizin weniger zu fürchten als die Konsequenzen eines übernatürlichen Heilverfahrens, weil diese eben eine übersinnliche Dimension besitzen.

8.4 Keine Brücke zu philosophischen Lehren

»Denn wir sollen nicht mehr Unmündige sein, hin- und hergeworfen und umhergetrieben von jedem Wind der

116 Matthäus 16,26.

Lehre durch die Betrügerei der Menschen, durch ihre Verschlagenheit zu listig ersonnenem Irrtum.«[117]

Der christliche Glaube wehrt sich gegen eine Verkürzung oder eine unzulässige Erweiterung des Evangeliums, wie dies durch die Philosophien der Aufklärung und auch durch Hahnemanns Metaphysik geschieht. Man fragt sich also, warum gerade Christen in diesem Zusammenhang eine so unklare und indifferente Haltung einnehmen?

Mit Sicherheit haben Unkenntnis und falsche Heilsversprechungen ihr Teil dazu beigetragen. Wie oft wird in der Literatur und auch durch die Anwender der Homöopathie selbst der irrtümliche Eindruck erweckt, dass es sich hierbei um ein Verfahren handele, dessen Anwendung selbstverständlich in Übereinstimmung mit dem Schöpfergott sei. Der Grundsatz bleibt jedoch bestehen: Weicht ein Behandler oder Behandelter nur geringfügig von den klaren Vorstellungen Gottes ab, indem er sich einer fremden Übernatürlichkeit öffnet, muss er mit den entsprechenden Folgen rechnen, die eine wissentliche oder unwissentliche Übertretung von Gottes heiligen Geboten hervorruft.

Wenn wir erkannt haben, dass die Homöopathie ein übernatürliches Heilverfahren ist – und dies darf nach den obigen Ausführungen vorausgesetzt werden –, sollten wir so konsequent sein, uns von diesem »leeren Betrug«[118] abzuwenden, um die Heiligung unseres Glaubenslebens nicht zu gefährden. Hierbei darf uns auch nicht die Überzeugung von Glaubensgeschwistern abhalten, die weiter an den Lehren der homöopathischen Heilweise festhalten. Die Autorität der Heiligen Schrift und die Erkenntnisse aus Gottes Schöpfung sind höher zu bewerten als deren »Einwände der fälschlich so genannten *Erkenntnis*«.[119]

---

117 Epheser 4,14.
118 Kolosser 2,8.
119 1. Timotheus 6,20.

8.5 Wer heilt, hat recht?

Oft wird dem Kritiker entgegengehalten, dass derjenige, der Erfolge bei seiner Therapie vorzuweisen habe, von vornherein unantastbar, unwiderlegbar sei, ja, erhaben über jeden Zweifel stehe. Hat der hinterfragte und angegriffene Heiler nicht einem Not leidenden Menschen die rettende Hilfe zukommen lassen? Mit welchem Recht darf ein anderer noch diese Heilerfolge, die angeblich natürlich und ohne Nebenwirkungen zustande gekommen sind, in irgendeiner Weise durch Kritik infrage stellen? Wer heilt, hat doch recht!

Ich hoffe, dass meine bisherigen Ausführungen bewiesen haben, dass dieses Schlagwort falsch ist. Doch um das geistliche Prinzip, das bei einer Heilung beachtet werden muss, aufzuzeigen, möchte ich noch einige Ergänzungen dazu machen:

Vom christlichen Standpunkt aus betrachtet, muss bei jeder Heilung das ewige Heil, die Erlösung des Sünders vom ewigen Tod, vorrangig vor Augen stehen. In dieser Hinsicht hat sicher nur Christus recht bzw. richtig geheilt, wenn Er heilt oder geheilt hat. Diesem Prinzip müssen ausnahmslos alle wissenschaftlichen und paramedizinischen Heilverfahren untergeordnet werden. Wird die Hoffnung auf das von Christus verheißene Heil geraubt oder werden andere metaphysische Hoffnungen daneben- oder darübergestellt, so führt dieser Heilsweg von Christus weg in eine andere Richtung, selbst dann, wenn augenscheinlich Heilungen von Krankheiten geschehen. Niemand, der Kräfte im unsichtbaren Bereich für möglich hält, wird leugnen, dass auch negative Kräfte in der Behandlung kranker Menschen ihre Wirkung entfalten können.

Wer heilt, hat recht: Im Falle der Homöopathie – und auch in allen anderen weltanschaulichen, auf Philosophien basierenden Alternativverfahren – gilt dieser Grundsatz nicht, denn übernatürliche Heilungen sind zwangsläufig mit übernatürlichen

Kräften verbunden und können übernatürliche Nebenwirkungen zur Folge haben. Daher ist es den Homöopathen nicht erlaubt, auf ihren vorübergehenden, eventuell sichtbaren Erfolg hinzuweisen, um damit ihre Heilkunst zu rechtfertigen, wenn auch die genaue Kenntnis der metaphysischen Konsequenzen unserem eingeschränkten menschlichen Verstand verborgen bleibt.

Der Anspruch der Homöopathen auf »Heilungsrechtfertigung« auf übernatürlicher Basis trifft einzig und allein nur auf Heilungen zu, die durch die Gnade und Barmherzigkeit Jesu Christi erreicht worden sind. Jesus Christus hat seinen Heilungen niemals unbiblische Heilsphilosophien zugrunde gelegt, sondern Er hat vielmehr die göttliche Kraft des himmlischen Vaters zur Heilung der Kranken eingesetzt. Die Wunder, die der Sohn Gottes während Seines irdischen Lebens gewirkt hat, lassen keine andere Quelle erkennen (vgl. Apostelgeschichte 10,38).

Um das noch einmal zu wiederholen: Die Aussage »Wer heilt, hat recht« trifft nur auf einen voll und ganz zu, auf Jesus Christus nämlich. Wenn Er heilt, hat Er recht! Kein Alternativheiler darf diesen hohen Anspruch für sich und seine Heilkunst verbuchen. Wenn die Bibel sogar darauf hinweist, Wunderheiler infrage zu stellen, die im Namen Christi auftreten, muss dies zweifellos für jene gelten, die sich zu unbiblischen Philosophien bekennen:

> »Viele werden an jenem Tage zu mir sagen: Herr, Herr! Haben wir nicht durch deinen Namen geweissagt und durch deinen Namen Dämonen ausgetrieben und durch deinen Namen viele Wunderwerke getan? Und dann werde ich ihnen bekennen: Ich habe euch niemals gekannt. Weicht von mir, ihr Übeltäter!«[120]

Wir können also erkennen, dass die Übernatürlichkeit in der Homöopathie eine grundsätzliche Bedeutung hat und dass diese

120 Matthäus 7,22-23.

Übernatürlichkeit mit Sicherheit nicht mit der Lehre der Heiligen Schrift übereinstimmt. Es ist deswegen einem Christen, der in Übereinstimmung mit Gottes Gedanken leben will, nicht zu raten, sich der Homöopathie anzuvertrauen.

9. Schlussbetrachtung

Nach dieser deutlichen Ablehnung der Homöopathie möchte ich es nicht versäumen, kurz den Weg zur Genesung oder Linderung von Krankheiten aufzuweisen, den ein gläubiger Christ beschreiten kann, ohne Gefahr zu laufen, fremde und verborgene Weltanschauungen anzunehmen:

1. Der christliche Glaube
2. Die echten Naturheilverfahren
3. Die naturwissenschaftliche Medizin

Bei der Therapie aller Krankheiten reichen diese drei verschiedenen Behandlungsmöglichkeiten aus, wobei die beiden letzten Verfahren gleichfalls unter der Obhut des Glaubens angewendet werden sollten. Die unermessliche Kraft des Vertrauens auf Gott vermag den Leidenden nicht nur zu trösten, sondern lässt auch hoffen, Krankheit überwinden zu können.

9.1 Der christliche Glaube

Der lebendige Gott, unser himmlischer Vater, der die Haare unseres Hauptes gezählt hat, kennt unsere Nöte und nimmt Anteil an ihnen. Die Liebe Gottes wird uns in schweren Zeiten nicht hilflos im Dunkel und Todesschatten sitzen lassen. Als Seine Kinder, die durch das Blut Seines Sohnes errettet worden sind, dürfen wir uns, wenn uns eine Krankheit trifft, betend an Ihn wenden. Wenn wir Ihn im Namen Jesu Christi bitten, so wird Er uns auf Seine Weise aus Not und Trübsal herausführen oder, wenn Er es für besser hält, uns in ihnen beistehen und trösten. Wie wir aus Gottes Wort wissen, dürfen wir auch das Gebet unserer Geschwister und der Gemeinde zusätzlich in Anspruch nehmen.

In der Regel wird im Falle einer akuten oder chronischen Krankheit sofort ein Heilkundiger aufgesucht. In Notfällen ist diese Vorgehensweise auch geboten. Doch auch hier sollte nicht auf ein Stoßgebet verzichtet werden, denn gerade in Lebensgefahr ist die richtige und schnelle Hilfe vonnöten. Wer unter diesen Umständen nur auf die Rettung durch Menschen hofft, traut Gott nicht zu, dass Er schneller und gezielter eine Rettungsaktion einleiten kann.

> »Und rufe mich an am Tage der Not; ich will dich erretten, und du wirst mich verherrlichen!«[121]

Bleibt einem Gläubigen mehr Zeit, ist das Gebet das Wichtigste vor allen anderen notwendigen Hilfsmaßnahmen. Denn Gott erwartet geradezu, dass in erster Linie Ihm vertraut wird, zumal Er allein in der Lage ist, den Erfolg einer Heilung oder Linderung in Not zu garantieren. Das Schicksal des Königs Asa, der, als er krank wurde, nicht den Herrn suchte, sondern die Ärzte[122], weist auf die Folgen hin, wenn Gott übergangen wird.

Der Gläubige erfahrt im Neuen Testament, im Jakobusbrief, mit welcher »übernatürlichen« Unterstützung er rechnen kann: Neben seinem persönlichen Flehen wird dem Kranken empfohlen, das Gebet der Ältesten und die Salbung im Namen des Herrn zu beanspruchen »und das Gebet des Glaubens wird den Kranken heilen …«[123] Leider wird diese im Wort Gottes bestätigte Krankenbehandlung in vielen Gemeinden selten oder gar nicht angewendet. Das heißt natürlich nicht, dass man darauf verzichten soll. Ein Umdenken der Verantwortlichen in der Gemeinde ist gefordert, damit dem Not leidenden Mitchristen die versprochene Heilung und Genesung zuteilwird. Diese beschriebene Krankenbetreuung hat selbstverständlich nichts mit den sogenannten Heilungsgottes-

---

121 Psalm 50,15.
122 2. Chronik 16,12.
123 Jakobus 5,13-15, Fußnote.

diensten eines fragwürdigen Wohlstands- und Gesundheitsevangeliums gemein. Die nüchterne Praxis des Jakobusbriefes reicht aus, die machtvolle Kraft Gottes zur Genesung zu erbitten.

9.2 Die echten Naturheilverfahren

Unter Beachtung dieser vorrangigen Gebote überlässt uns Gott nun in Seiner sichtbaren Schöpfung uneingeschränkt alle natürlichen Heilmittel, die wir zur Heilung oder Linderung unserer Krankheiten einsetzen können. Jede Behandlung, die den mess- und wägbaren Bereich der geschaffenen Welt nicht verlässt, dürfen wir dankbar aus Gottes Hand annehmen. So können wir uns die echten Naturheilmethoden, z. B. die allgemeine Pflanzenheilkunde, die physikalische Therapie, die Balneotherapie oder ähnliche Verfahren zunutze machen, um gesund zu werden oder zu bleiben.

Naturheilverfahren wenden grundsätzlich nur natürliche Reize, sogenannte genuine Naturfaktoren an, wie Kälte, Wärme, Licht, Luft, Wasser, Erde, Bewegung und Ruhe, Ernährung, Heilkräuter und heilsame seelische Einflüsse. Damit sollen die dem menschlichen Organismus innewohnende Ordnung wiederhergestellt und seine Abwehrkräfte aktiviert werden. Es handelt sich also um eine Reaktionstherapie, bei der der Organismus aufgrund eines auf ihn ausgeübten Reizes sich letztlich selbst heilt, während ihm bei der »künstlichen« Therapie eine passive Rolle zugedacht ist.[124]

Zu den heute anerkannten Verfahren der Naturheilkunde zählen:

- Hydro- und Thermotherapie, Balneotherapie, Klimatherapie
- Bewegungstherapie, Atemtherapie, Massagen

124 H. D. Hentschel in Münchner medizinische Wochenschrift 131 (1989), Nr. 45, S. 30, München.

- Ernährungstherapie
  (Vollwert- und Grunddiät und Modifikation)
- Phytotherapie (Pflanzenheilkunde)[125]

Charakterisierend für alle diese Naturmethoden ist ihre unveränderte Herkunft. Sie sollten durch keine metaphysische und nur durch geringe chemisch-physikalische Manipulation bearbeitet worden sein, sodass ihre Anwendung unverfänglich und nebenwirkungsarm ist, wenn sie auch nicht immer ausreicht, um jede Krankheit zu heilen.

Da die oben angeführte Phytotherapie häufig mit der Homöopathie verwechselt wird, scheint eine genaue Definition erforderlich zu sein, zumal Hahnemann sich der damals bekannten Heilpflanzen bedient hat. Allerdings tat er dies mit der Absicht, ihre »geistartige« Heilkraft zu mobilisieren und nicht ihre ureigene Naturkraft, die der Schöpfer ihnen zugedacht hatte.

»Pflanzliche Arzneimittel, soweit sie grundsätzlich einer naturwissenschaftlich-pharmakologischen Begründung zugänglich sind, werden als Phytopharmaka bezeichnet. Diese Natursubstanzen werden im gleichen Sinn wie alle anderen echten Naturheilverfahren angewandt. Sie wirken nicht als Funktionskorrektur, sondern zielen darauf ab, die dem Organismus innewohnenden Fähigkeiten zur Reaktion und Regulation, zur Anpassung und zur Abwehr pathogener Noxen zu erhöhen. Nicht die Primärerkrankung wird behandelt, sondern die Art, wie der Organismus darauf reagiert, soll beeinflusst werden.«[126]

Als Beispiel kann hier auch die Vitamintherapie angeführt werden. Wie allgemein bekannt und wissenschaftlich belegt ist, stärken die Vitamine die Abwehrkraft des Körpers, sodass das

125 Ebd.
126 Der praktische Arzt, 11/1981, Herausgeber: Deutscher Hausärzteverband e.V., Köln.

Immunsystem in der Lage ist, eine banale Infektion erfolgreich zu bekämpfen oder sie sogar zu verhindern. Unzählige Grippekranke schlucken deshalb Vitamintabletten, wie ihnen von Ärzten geraten wurde. Gerade hier muss interessanterweise für die einfache Naturheilkunde eine Lanze gebrochen werden:

Der Nobelpreisträger Szent-Györgyi stellte nämlich bei seinen Untersuchungen unter anderem fest, dass das künstlich hergestellte Vitamin C (z. B. in Vitamintabletten) sich nicht so wirksam erweist wie die in Zitrusfrüchten gleichfalls reichlich vorkommenden C-Vitamine. Der Schlüssel zu dieser Feststellung liegt in der Erkenntnis, dass die natürlichen Pflanzen Zusatzstoffe enthalten, die auf die Resorption (Aufnahme) des Vitamins und auf seine Wirkung beträchtlichen Einfluss haben. Auch die Pflanze Herbstzeitlose (Colchicum autumnale) enthält außer Colchicin (in der Schulmedizin wird diese Substanz gegen Gichtschmerzen eingesetzt) eine Reihe ähnlicher, die Wirkung verstärkende Zusatzstoffe.[127]

Es leuchtet nun ein, warum die Pflanzenheilkunde auch berechtigte Erfolge zu verzeichnen hat. Eine jahrhundertealte ärztliche Erfahrung hat die Heilkräfte der Natur entdeckt, erprobt und anerkannt. Den Beobachter der Schöpfung und besonders den, der den allmächtigen Schöpfer verehrt, sollte es nicht verwundern, wenn die natürliche Kraft des Geschaffenen auch in dieser Weise, d. h. in der ursprünglichen Form, heilen kann.

Dabei steht die wissenschaftlich-begründete Phytotherapie nicht auf dem Standpunkt, die synthetischen Arzneimittel ersetzen zu können. (Im Gegensatz dazu besteht die Homöopathie auf ihrem Alleinvertretungsanspruch.) Sie versteht sich vielmehr als wertvolle Ergänzung und findet ihre Grenzen in der Regel dort, wo schwere Erkrankungen vorliegen, oder auch in der Notfallmedi-

---

127 Hans D. Reuter, Möglichkeiten und Grenzen der Phytotherapie, Deutsches Ärzteblatt 9/1988 vom 3. 3. 1988, Herausgeber: Bundesärztekammer, Berlin.

zin. Zur Intervall- und Langzeitbehandlung chronischer Krankheiten dagegen sind Phytopharmaka als adjuvante Arzneimittel gewöhnlich gut geeignet.

9.3 Die naturwissenschaftliche Medizin

Als Folge der bedeutenden naturwissenschaftlichen Entdeckungen dieses und der letzten beiden Jahrhunderte hat sich eine fast unüberschaubare, technisch hochqualifizierte Medizin entwickelt. Bei aller berechtigten und unberechtigten Kritik hat diese naturwissenschaftliche Medizin ihre Erkenntnisse allerdings nie außerhalb des Sichtbaren, sondern nur im materiellen (geschaffenen) Bereich gewonnen. Nicht im Entferntesten kann man einen übernatürlichen Ursprung ausmachen. Eher ist man dazu geneigt, ihr die beschränkte materialistische Sicht vorzuwerfen. Sieht man einmal von einigen scharf zu verurteilenden Irrwegen ab, zu denen Ärzte fähig sind, wenn sie voreingenommen einem materialistischen Weltbild vertrauen (ohne das z. B. die hemmungslose Praxis der Abtreibung und andere medizinische Verirrungen nicht zu verstehen sind), so darf man doch nicht den Segen verkennen, den Gott den Kranken durch die Hochschulmedizin hat zukommen lassen. Keinesfalls ist diese Medizin grundsätzlich zu verwerfen, denn sie bezieht ihr Wissen, wie schon gesagt, einzig und allein aus dem Geschaffenen, und der Missbrauch, der teilweise mit diesen Erkenntnissen getrieben wird, verurteilt nicht die Naturwissenschaft an sich, sondern ihre Anwender.

Die Hochschulmedizin sollte also, soweit sie nicht Gottes Gebote übertritt, in gleichem Maße zur Heilung unserer Leiden zum Einsatz kommen wie die Naturheilverfahren. Durch die Fortschritte der modernen Therapien werden heute Menschen vor dem sicheren Tod gerettet. Nicht nur die Notfallmedizin oder die Chirurgie, sondern auch der Einsatz der oft verpönten »Apparatemedizin« gewährt eine sichere Behandlung in bestimmten Krisenfällen. Diese Errungenschaften sorgen dafür, dass der lebensgefährlich

Verletzte oder ebenso schwer erkrankte Patient auf lebensrettende Hilfe hoffen darf, die ihm früher nicht zugekommen wäre.

Die Geißel der Menschheit im 20. Jahrhundert, die Krebserkrankung, hat auf einigen Gebieten ihren Schrecken verloren, weil chirurgische Maßnahmen, die Chemotherapie und andere Behandlungsformen bei rechtzeitiger Erkennung der gefürchteten tödlichen Krankheit eine vollständige Heilung erzielen können. In diesem Zusammenhang muss der Leser nochmals vor dem Inanspruchnehmen obskurer Diagnose- und Heilmethoden gewarnt werden, die nicht das gehörige diagnostische Wissen bzw. die Möglichkeiten der Behandlung besitzen, die Frühsymptome der Krebserkrankung richtig und so zeitig zu erkennen, dass sie wirkungsvoll und sicher behandelt werden kann. Manchmal werden Symptome so lange übersehen, bis eine Heilung nicht mehr möglich ist. Zudem verfügt die Homöopathie über keine realistische Therapie, die in der Lage wäre, einen Krebserkrankten zu heilen, es sei denn, die oben angesprochenen übernatürlichen Kräfte vollbrächten das ihr zugedachte Wunder.

Aber nicht nur in spektakulären Fällen greift die Therapie der Hochschulmedizin ein. Auch bei banalen Infekten vermag sie vor lebensbedrohlichen oder chronischen Krankheiten zu bewahren, indem z. B. gezielt Antibiotika eingesetzt werden.

Wir halten folglich fest, dass die echten Naturheilverfahren und auch die naturwissenschaftliche Hochschulmedizin, wenn beide in Verantwortung vor Gott praktiziert werden, segensreich zur Behandlung leidender Menschen eingesetzt werden können. Dabei dürfen wir jedoch nicht erwarten, dass bei unserer körperlichen Vergänglichkeit immer eine völlige Gesundung oder Heilung erzielt wird.

> »Deshalb ermatten wir nicht, sondern wenn auch unser äußerer Mensch aufgerieben wird, so wird doch der innere Tag für Tag erneuert. Denn das schnell vorübergehende

> Leichte unserer Bedrängnis bewirkt uns ein über die Maßen überreiches, ewiges Gewicht von Herrlichkeit, da wir nicht das Sichtbare anschauen, sondern das Unsichtbare; denn das Sichtbare ist zeitlich, das Unsichtbare aber ewig.«[128]

Eine gottferne übersinnliche Weltschau, auf der die Homöopathie und viele andere alternative Heilverfahren basieren, trübt diese hoffnungsvolle Zukunftssicht und lenkt von unserem erwarteten Heiland und Erlöser ab. Im Blick auf Ihn, den Herrn Jesus, der unsere Schwachheiten trug und sie weiter auf sich nimmt, erwarten wir dagegen ein ewiges Heil, das wir nicht aus den Augen verlieren wollen.

> »Er sandte sein Wort und heilte sie, er rettete sie aus ihren Gruben.«[129]

---

128 2. Korinther 4,16-18.
129 Psalm 107,20.

Nachwort

Liebe Leserin, lieber Leser,

Georg Müller hat mich gebeten, ein Nachwort zu seinem Buch über die Homöopathie zu schreiben, und ich will das gerne tun, wobei ich mir bewusst bin, dass einige meiner Kollegen mich sicher als »Nestbeschmutzer« betrachten werden, denn ich gebe meine Meinung als jemand von sich, der selbst als Heilpraktiker seit 1980 in eigener Praxis tätig ist und die Homöopathie ablehnt.

Zunächst möchte ich meinem Nachwort vier Aussagen aus verschiedenen Publikationen der vergangenen Wochen voranstellen:

> Aussage A: Der »STERN« Nr. 12/1991 fragt in dem reißerisch aufgemachten Artikel »Die Wunder der Homöopathie«: »Was ist dran an der umstrittenen Heilkunst?« und kommt zu dem Ergebnis, dass man dieser »segensreichen Lehre des Medizinmannes aus Meißen« (gemeint ist Samuel Hahnemann) nur noch eine weitere Verbreitung wünschen könne. Ab 1992 können deutsche Medizinstudenten auch im Fach Homöopathie geprüft werden. (S. 92)
>
> Aussage B: In der Zeitung »Welt am Sonntag« vom 24. 3. 1991 wettert ein Dr. med. Gunnar M. Stickler, Professor für Kinderheilkunde, gegen die Homöopathie: »Jemandem, der ich mit der Chemie der *Potenzierung* von homöopathischen Getränken befasst, wird schnell klar, dass es sich hier nur um einen Placebo-Effekt handeln kann.«
>
> Aussage C: In dem Kongressprogramm der »Interbiologica« 1991 äußert sich der Referent in seinem Vorwort zu dem Thema »Homöopathie vom Lebensanfang bis zum Ende« wie folgt: »… das Wichtigste in der Homöopathie ist die

Liebe: die Liebe zum Patienten, die Liebe zur Arznei – *Arznei ist Liebe.*« (Hervorhebung durch mich; mit Arznei ist hier die Homöopathie gemeint)

Aussage D: In der „Naturheilpraxis« 2/1991, S. 167, macht der Homöopath Otto Eichelberger zu dem Thema »Klassische Homöopathie« folgende Ausführungen: »Homöopathisch ergiebige Forschung verlangt auf fast allen Ebenen zugleich die Kenntnis anthroposophischen Gedankenguts. Hören wir, was Rudolf Steiner über Hahnemann und seine Lehre sagt: *Hahnemann hat das Verdienst, den Geist der Medizin über sein Jahrhundert gerettet zu haben.* Es ist die Mission der *reinen Lehre,* … diesen Geist in der Medizin weiterzutragen in Wort und Tat. Dazu ein Zitat des sehr geschätzten anthroposophischen Kollegen Schöffler aus seinem Buch Homöopathie: *Rudolf Steiner hat gleich bei der Begründung der anthroposophischen Medizin auf Hahnemann als einen lichtvollen Neubeginn hingewiesen, an den man anknüpfen könne.*« (Hervorhebung durch mich)

Was ist dran an der Homöopathie? So fragt der »Stern« (siehe Aussage A), und die Quintessenz lautet kurz und bündig: Diese Methode ist segensreich, weil sie Erfolg hat, nach dem Motto: Wer heilt, hat recht. Ich hoffe, dass es für gläubige Christen spätestens nach der Lektüre dieses Buches keine Frage mehr ist, dass das Kriterium für das Akzeptieren der Homöopathie nicht in erster Linie Heilerfolge sein dürfen – die in der Tat vorhanden sind –, denn der Zweck heiligt eben auch in diesem Fall nicht die Mittel.

Was ist mit der Meinung von Prof. Dr. med. G. M. Stickler (siehe Aussage B)? Hat er recht, wenn er die Heilerfolge der Homöopathie nur als sogenannte Placebo-Effekte abtut? Auch hier kann man nach dem Lesen des Buches von G. Müller nur mit einem »Nein« antworten. Wer, wie Stickler, so argumentiert und alle Erfolge der Homöopathie nur psychologisch erklärt, macht es sich zu einfach und hat nicht verstanden, was die Homöopathie wirklich ist.

Ich denke da in dem Zusammenhang an einen wichtigen Grundsatz, den Dr. Thomas Schirrmacher so formuliert: »Wer aber jemanden widerlegen will, muss sichergehen, dessen falsche Meinung richtig wiederzugeben. Andernfalls wird sein Gegner nur sagen: Das betrifft mich ja gar nicht. Viele gute und biblische Argumente verpuffen, wenn sie nicht auf das angewandt werden, was der andere als Irrlehre vertritt. Wer die Position des anderen verzerrt, macht sich selbst das Argumentieren leicht, wird aber keinem Irrenden zur Hilfe.«

Ich glaube, dass es Georg Müller gelungen ist, die Lehre der Homöopathie in ihrer falschen Denkweise zu verstehen und sie ganz nüchtern als das zu entlarven, was sie eigentlich ist: Eine Philosophie nämlich, eine übernatürliche Heilweise mit enger Verwandtschaft zur Anthroposophie, eine Religion (»reine Lehre«, siehe Aussage D) und sogar eine Art Gott (»Homöopathie ist Liebe«, siehe Aussage C).

Wie wir merken, ist die Homöopathie also im wahrsten Sinne des Wortes »in vieler Munde« und gerade im Zeitalter des New Age ein aktuelles Thema, das nicht nur in der medizinischen Fach- und Laienpresse starke Beachtung erfährt. Auch unter Christen ist dieses Thema zu einem »heißen Eisen« geworden, über das nur selten emotionsfrei diskutiert werden kann und worüber sich sogar bibeltreue Gemeinden zerstritten haben. Diese Situation ist nur allzu sehr der Beweis dafür, dass es sich bei der Homöopathie eben nicht nur um ein normales medikamentöses Heilverfahren handelt, sondern um eine Philosophie bzw. Weltanschauung, bei der sowohl in den Erwartungen als auch in der bejahenden Einstellung, die man ihr gegenüber hat, Glauben und Vertrauen eine nicht unerhebliche Rolle spielen und dem Menschen in seinem existenziellen Sein einen Halt geben sollen. (»Homöopathie vom Lebensanfang bis zum Ende«, siehe Aussage C). Wird dieser Halt jetzt infrage gestellt oder fortgenommen, so empfindet man das in der Regel als Angriff auf die eigene Person bzw. Gesundheit und reagiert, je nach Veranlagung, ängstlich, unsicher, unnüchtern oder aggressiv. Das gilt auch für gläubige Christen!

Genauso ist für mich die Frage, ob ich als Christ und Heilpraktiker diese Heilmethode ablehnen oder praktizieren sollte, keine nur intellektuelle gewesen, über die man ohne weitgehende Folgen so oder so entscheiden kann, sondern war gewissermaßen eine Frage von existenzieller Wichtigkeit, deren Entscheidung positive oder negative Konsequenzen für mein Christsein und für meinen Beruf nach sich ziehen würde.

Ich kann deshalb auch verstehen – weil ich selbst ähnlich reagiert habe –, dass Gefühle wie Angst, Ärger und Zorn aufkommen, wenn mir etwas genommen werden soll, woran ich fest geglaubt und was ich vielleicht jahrzehntelang mit Überzeugung eingenommen oder verordnet habe. Deswegen möchte ich auch gerade solche unter den gläubigen Lesern ansprechen, die sich durch die Aussagen in dem vorliegenden Buch ganz konkret in ihrer beruflichen oder körperlich-seelischen Existenz bedroht fühlen und sich an dieser Stelle trotz der, wie ich meine, überzeugenden Argumente gegen die Homöopathie noch immer fragen, was denn jetzt wirklich die Wahrheit sei.

Ich habe Verständnis dafür, liebe Leserin, lieber Leser, wenn Sie jetzt unentschlossen sind und nicht wissen, wie Sie sich verhalten sollen, weil Sie auch nicht nur einfach die Meinung eines Georg Müller oder die eines Ihnen unbekannten Heilpraktikers oder die irgendeines anderen Menschen übernehmen möchten, sondern wirklich erkennen wollen, wie Gott darüber denkt. Und das ist allerdings ein wichtiger Punkt, denn nur wenn ich als Christ den Willen Gottes in einer Sache kenne, kann ich auch selbst mit Überzeugung diesen Standpunkt vertreten – egal, ob andere Menschen mit mir darin übereinstimmen oder nicht.

Vielleicht darf ich Sie einfach einmal bitten, wenn Sie noch keine Sicherheit haben, Folgendes oder Ähnliches zu beten, in dem

Bewusstsein, dass der allmächtige Gott und Sein Sohn Jesus Christus Sie hören:

> »Herr Jesus, Du mein Gott. Du selbst bist die Wahrheit, und Du weißt, wie mich dieses Buch verunsichert und verärgert hat. Ich bitte Dich, dass Du mich jetzt ganz ruhig machst. Ich lege Dir die Aussage dieses Buches vor, die besagt, dass die Homöopathie eine ungöttliche Philosophie sei. Andererseits weißt Du, wie positiv ich bisher über diese Heilmethode gedacht und welche guten Erfahrungen ich damit gemacht habe. Aber nun bin ich unsicher geworden, und ich möchte wissen, wie Du darüber denkst, was Dein Wille ist. Wenn meine bisherigen Gedanken dazu richtig waren, dann gib mir auch bitte wieder Frieden und Sicherheit in mein Herz. Wenn ich aber falsch gedacht habe, dann gib mir Deinen Frieden erst dann, wenn ich meine falsche Meinung über die Homöopathie bekannt und abgelegt habe. Amen.«

Wenn Sie es wagen, aufrichtig diese Bitte vor dem Herrn Jesus oder vor Gott auszusprechen, wird Ihnen Sein Wille deutlich werden, denn nach Kolosser 3,15a (Anmerkung), ist der Friede des Christus in uns unter anderem ein Maßstab für richtig getroffene Entscheidungen.

Ich habe jedenfalls den Wunsch, dass dieses Buch von niemandem gleichgültig beiseitegelegt wird, sondern für irrende Christen, wenn auch vielleicht zunächst ein »Stein des Anstoßes«, doch letztlich eine Hilfe ist, den richtigen Weg zu finden und zu gehen.

K. H. Däumer, im April 1991

Kurzes Nachwort zum Nachwort

Liebe Leserin, lieber Leser,

fast 19 Jahre nach dem ersten Nachwort zu dem Buch von Georg Müller überlege ich, ob ich mein Nachwort von damals verändern oder ergänzen müsste. Hat sich mein Denken über dieses Thema geändert? Hierauf kann ich ganz ehrlich sagen: Nein! Nach wie vor stehe ich zu diesem meinem »alten« Nachwort. Und nach wie vor, ja, mehr denn je, sind homöopathische Mittel »in vieler Munde«. In der Zeitung »Die Welt« war am 22.01.2010 unter der Überschrift *»Die Deutschen vertrauen der Homöopathie«* zu lesen, dass das Institut für Demoskopie Allensbach kürzlich eine Umfrage über die Verbreitung homöopathischer Arzneimittel veröffentlicht hat. Demnach gaben 57 Prozent der Deutschen im Jahr 2008 an, schon einmal homöopathische Medikamente genommen zu haben. Bei der letzten Erhebung im Jahr 1970 waren es nur 24 Prozent. Besonders unter den Kinderärzten und Hebammen gehört es inzwischen zum Standardrepertoire der verordneten Medikamente. Möglicherweise nicht unbedingt aus Überzeugung, sondern mehr, um die Eltern zu beruhigen. Vielleicht nach dem Motto: Man tut etwas und schadet ja nicht. Verständlich zwar, aber trotzdem nicht in Ordnung. So entstehen neue Abhängigkeiten.

Wie schon im April 1991 habe ich jedenfalls den Wunsch und die Hoffnung, dass dieses Buch für Christen zu einer wirklichen Hilfe wird, von der Philosophie der Homöopathie freizukommen.

K. H. Däumer, im Februar 2010

Wolfgang Bühne (Hrsg.)

Das Glück der Verlorenen

Bekenntnisse

160 Seiten, Taschenbuch
ISBN 978-3-86699-131-6

Hans Günters G3-Sturmgewehr ist schon geladen, um den Arzt zu erschießen, durch dessen vermeintlich falsche Behandlung seine junge Frau auf dem Sterbebett liegt. Doch ein nerviger Vertreter durchkreuzt seine finsteren Rachepläne.

Tim, sowohl gutbürgerlicher Posaunenchor-Bläser als auch abgefahrener Reggae-Kiffer, erlebt als esoterischer Bio-Freak eine Bauchlandung. Am Ende erkennt er, dass man zu Gott ohne jeden »Hokuspokus« eine echte Beziehung haben kann.

Carina hat traumatische Erinnerungen an ihre Kindheit und versucht durch Alkohol, wechselnde Beziehungen und okkulte Praktiken die Sehnsucht nach Liebe und Anerkennung zu stillen.

Tasso ist selbstbewusst und von seiner Unantastbarkeit überzeugt. Auf einem Kurz-Trip erkennt er in einer ihm ungewohnten Umgebung, welch ein Egoist er in Wirklichkeit ist …

Yusuf kommt mit großen Hoffnungen und Zukunftsplänen nach Deutschland und erlebt bald, dass seine Träume wie Seifenblasen zerplatzen und dem Tröster Alkohol Platz machen.

Scheinbar hoffnungslose und desillusionierte Menschen erfahren an den Kreuzwegen ihres Lebens Begegnungen, die ihr Leben für immer verändern …

Jacob G. Fijnvandraat / Alexander Seibel

Gefährliche Risiken und Nebenwirkungen

Krankenheilungen in der »Charismatischen Bewegung«

128 Seiten, Paperback
ISBN 978-3-86699-204-7

Was sagt die Bibel zum Thema Krankenheilung? Haben die Heilungs- und Befreiungsdienste einiger Gemeinden und christlicher Werke eine biblische Grundlage?
Am Beispiel einer Rezension des Buches »Heilt die Kranken« (W. Ouweneel) setzen sich die Autoren mit dieser Frage auseinander. Alexander Seibel informiert über manch umstrittenen Wunderheiler, der von Ouweneel zu einem Glaubenshelden erklärt wurde. Jacob G. Fijnvandraat – der viele Jahre mit Ouweneel zusammenarbeitete – geht die einzelnen Kapitel des umstrittenen Buches »Heilt die Kranken!« durch und beurteilt die theologischen Begründungen im Licht der Heiligen Schrift. Eine hilfreiche, aufrüttelnde Analyse.